ESG视角下再制造产业的
知识产权风险
与治理对策研究

彭志强 等著

西南财经大学出版社

中国·成都

图书在版编目(CIP)数据

ESG 视角下再制造产业的知识产权风险与治理对策

研究/彭志强等著.--成都:西南财经大学出版社,

2024.8.--ISBN 978-7-5504-6062-1

Ⅰ.F426.4;D923.404

中国国家版本馆 CIP 数据核字第 2024UP2364 号

ESG 视角下再制造产业的知识产权风险与治理对策研究

ESG SHIJIAOXIA ZAIZHIZAO CHANYE DE ZHISHI CHANQUAN FENGXIAN YU ZHILI DUICE YANJIU

彭志强 等著

策划编辑:李邓超
责任编辑:向小英
责任校对:杜显钰
封面设计:墨创文化
责任印制:朱曼丽

出版发行	西南财经大学出版社(四川省成都市光华村街 55 号)
网　　址	http://cbs.swufe.edu.cn
电子邮件	bookcj@swufe.edu.cn
邮政编码	610074
电　　话	028-87353785
照　　排	四川胜翔数码印务设计有限公司
印　　刷	成都国图广告印务有限公司
成品尺寸	170 mm×240 mm
印　　张	9.75
字　　数	222 千字
版　　次	2024 年 8 月第 1 版
印　　次	2024 年 8 月第 1 次印刷
书　　号	ISBN 978-7-5504-6062-1
定　　价	68.00 元

前　言

ESG 强调企业在追求经济效益的同时，也需要关注环境、社会和公司治理等方面的影响，以确保企业的可持续发展。在 ESG 背景下，再制造产业正在经历快速发展时期。随着人们环保意识的增强和循环经济理念的普及，再制造产品在市场上的认可度也越来越高。再制造产品不仅具有较高的性能，而且能够减少资源消耗和环境污染，具有巨大的发展潜力。再制造产业是循环经济的重要组成部分，但同时也面临着知识产权风险等挑战。再制造产业中存在的知识产权风险，包括专利侵权、商标侵权、商业秘密泄露等。这些风险不仅会影响再制造产业的健康发展，也会对整个循环经济产生负面影响。

专利侵权风险主要来自再制造产品使用的技术方案或外观设计侵犯了他人的专利权，如家电再制造企业未经授权使用了某知名品牌的电机技术专利，被法院认定为侵权并赔偿损失。商标侵权风险则主要来自再制造产品使用了与原品牌相似的商标或未获得授权使用商标，如打印机再制造企业未经授权使用了与原品牌近似的商标，被消费者投诉并受到行政处罚。商业秘密泄露风险则主要来自企业内部泄密、人力资源流动或竞争对手窃取商业秘密，如再制造企业内部管理不善导致商业秘密泄露，给企业造成重大损失。

本书主要探讨了再制造产业在 ESG 视角下的知识产权风险，并从再制造决策、知识产权授权以及供应链协调等角度提出相应的战略规划与决策建议，同时提出了包括加强知识产权保护法规的制定和实施、增强企业的知识产权意识、加强知识产权管理、建立知识产权预警机制等一系列治理对策。这些治理对策有助于降低再制造产业中的知识产权风险，促进其健康发展。本书的主要结构如下：

第 1 章为绪论。本章介绍了再制造产业发展的背景和知识产权风险的基本概况，以及本书的主要研究内容，归纳本书的研究思路与主要研究方法，并列举了本书主要的创新点。本章指出，随着人们环保意识的增强和循环经济理念的普及，再制造产业逐渐成为备受关注的新兴领域。然而在快速发展的同时，再制造产业也面临着诸多挑战，如知识产权风险等。本研究创新之处在于，聚焦再制造产业拓展了知识产权侵权风险分析框架、基于ESG视角提出再制造产业的知识产权管理对策、基于闭环供应链管理理论提出供应链优化与再制造授权的联合对策。

第2章为相关理论基础与文献综述。本章介绍了相关的理论基础，主要包括环境管理、可持续发展、绿色发展、循环经济、ESG治理理论、知识产权管理、风险评估、治理机制等。这些理论为再制造产业的知识产权保护提供了重要的指导思想和方法。

第3章为我国再制造产业的发展态势与国际分析。本章通过分析发现再制造产业是一种以循环经济和绿色发展理念为基础的产业，注重资源的高效利用和环境保护。随着人们环保意识的不断增强，再制造产业的发展越来越受到重视。再制造企业通过高技术和高质量的再制造过程，能够将失效的零部件恢复到接近新产品的性能，并大幅度延长其使用寿命，从而实现资源的循环利用和环境保护。目前，再制造产业已经成为许多国家的重要产业之一，具有广阔的市场前景和发展空间。与传统的制造产业相比，再制造产业具有更高的附加值和更低的资源消耗，能够带来更好的经济效益和社会效益。国家之间再制造产业的发展水平存在着明显的差异。一些发达国家已经形成了较为完善的再制造产业体系，而发展中国家则还处于起步阶段。因此，我国需要加强国际合作和交流，借鉴发达国家的经验和做法，探索适合本国国情的再制造产业发展模式。

第4章为再制造产业知识产权侵权类型与典型案例研究。本章介绍了再制造产业的知识产权侵权类型，再制造产品中包含的知识产权客体有专利权、商标权、著作权和商业秘密等，所包含的主要侵权类型有再制造技术与专利侵权，商标假冒与再制造品，著作权、商业秘密及其他知识产权侵权等。典型案例分析部分包括美国、德国以及我国的有关专利产品再制造侵权案例。

第5章为再制造产业的知识产权侵权辨析。本章基于第4章典型案例的实证研究，从制造技术与专利侵权、商标假冒与再制造品、著作权及其他知识产权三个视角进行知识产权侵权辨析研究。专利侵权部分先从我国专利侵权判定中等同原则实践对策出发，进而深化专利产品再制造的侵权辨析及授权许可策略，指出专利产品的维修与再制造也属于专利侵权研究的范畴，既涉及专利权人的权利范围，也涉及专利权"权利用尽"的适用范围。设立专利制度的初衷是通过垄断权力的赋予来保护、激励并促进技术创新，使发明人在一定时间内享有独占市场的优势地位并获得相应的经济回报。然而，专利权的垄断不能无限制，还需要协调考虑社会的整体利益，要让专利权人的利益与社会整体利益达到一个均衡。

第6章为供应链视角下再制造产业的知识产权许可策略研究。本章重点研究了三个相关的主题。一是考虑政府补贴的闭环供应链差别定价及契约协调机制问题，针对不同政府补贴模式下闭环供应链的差别定价决策及契约机制进行研究。结果表明，作为市场主导者的制造商，可以通过调整自身再制造品的批发价格，分享由政府补贴零售商所带来的收益，因而制造商在政府补贴机制下具有更高的议价能力。在集中式决策闭环供应链中，两类产品的销售价格都会降低，再制造品需求量上升，能够实现比分散式决策闭环供应链更高的利润。为了协调分散式决策闭环供应链下所产生的效率损失，通过设计收益共享契约机制和数量折扣契约机制，制造商与零售商协商和控制利润共享比例来实现分散式决策闭环供应链的协调。二是专利保护背景下闭环供应链的再制造策略研究，讨论了专利保护背景下原制造商对旧产品再制造采取的策略，包括 N 策略、O 策略和 A 策略，指出只有使用第三方的成本足够低时，原制造商才会选择 A 策略。本研究构建了一个涉及制造商、再制造商和零售商的闭环供应链动态博弈模型，分析了专利产品再制造的决策优化与授权许可策略，强调再制造成本节约的重要性和专利产品再制造的经济效益分配。三是专利产品再制造背景下闭环供应链的决策优化与授权许可策略研究，讨论了专利产品再制造构成的一类特殊闭环供应链的决策优化问题，制造商是专利产品的权利人，授权许可再制造商回收旧产品并进行再制造。

第7章为再制造产业的发展战略规划与治理对策。本章从以下四个方面提出了战略规划与治理对策：一是再制造产业的知识产权战略研究，建议再制造产品的质量由再制造厂家和原产品厂家共同负责，承担相应的保修责任并提供售后服务。与此同时，再制造的产品除了标注再制造厂家的商标之外，还应该同时保留原产品的授权商标，并附上"再制造产品"的说明。专利领域的战略规划包括专利保护、专利池战略以及技术标准战略，提出建立再制造标准体系，制定再制造技术标准和规范。二是再制造产业专利池的构建策略，提出我国需要以专利技术的优势实现再制造产业中企业之间的协同发展，以专利池推动产业技术升级，提高产业发展质量和层次，增强企业的市场竞争力和产业的发展后劲，确保产业的长效发展。再制造产业专利池的构建要有科技和产业的支撑，面对当前的环境压力和国际竞争，依托产业集群、共同创新以获取更多的专利优势，从而进行产业的国际较量。三是从行业治理角度提出再制造技术交易平台的规划。将中介平台融入价值链条之中，发挥其对接作用。构建再制造服务平台的一站式服务模式，充分发挥其中介平台的作用，促进再制造产业高质量发展。四是基于 ESG 视角提出了宏观和微观相结合的治理对策。

本书编写人员的具体分工如下：彭志强副教授负责本书初稿撰写与资料整理，以及全书的修订和核对等工作；黄俊负责第 1 章和第 6 章的资料收集、初稿修改及校正等工作；钟立辰负责第 7 章的资料收集、初稿修改及全书的参考文献核查等工作；蒋霖钰负责第 2 章和第 3 章的资料收集、初稿修改及校正等工作；徐洁负责第 4 章和第 5 章的资料收集、初稿修改及校正等工作。

本书的研究与出版受到重庆市教委科学技术研究计划项目"成渝地区双城经济圈知识产权服务供应链的构建与协同发展研究"（编号：KJQN202000903）、重庆市社会科学规划一般项目"RCEP 背景下重庆市知识产权保护推动数字贸易高质量发展研究"（编号：2022NDYB42）、国家自然科学基金项目"专利保护下再制造闭环供应链的技术许可及优化协调研究"（编号：71302196）等的资助。

彭志强

2024 年 6 月 23 日

于大竹林

目　录

1　绪论 / 1

　1.1　研究背景与研究意义 / 1

　　1.1.2　研究背景 / 1

　　1.1.2　研究意义 / 3

　1.2　研究思路与研究方法 / 4

　　1.2.1　研究思路 / 4

　　1.2.2　研究方法 / 6

　1.3　创新之处 / 8

2　相关理论基础与文献综述 / 9

　2.1　相关理论基础 / 9

　　2.1.1　绿色经济、循环经济与再制造 / 9

　　2.1.2　ESG 治理相关理论 / 12

　　2.1.3　知识产权相关理论 / 14

　2.2　文献综述 / 18

　　2.2.1　循环经济背景下再制造产业发展与对策研究 / 18

　　2.2.2　ESG 治理背景下再制造与社会责任的关系研究 / 18

　　2.2.3　再制造产业的知识产权保护与侵权辨析 / 21

　　2.2.4　专利保护背景下再制造产业的供应链优化与协调 / 23

3 我国再制造产业的发展态势与国际分析 / 26

3.1 我国再制造产业的发展态势 / 26

3.1.1 我国再制造产业的发展历史回顾 / 26

3.1.2 我国再制造产业的发展现状与未来展望 / 27

3.2 再制造产业发展的国际分析 / 29

3.2.1 美国再制造产业发展分析 / 29

3.2.2 欧洲国家再制造产业发展分析 / 30

3.2.3 亚洲国家再制造产业发展分析 / 31

4 再制造产业知识产权侵权类型与典型案例研究 / 35

4.1 侵权类型 / 35

4.1.1 再制造技术与专利侵权 / 35

4.1.2 再制造品与商标假冒 / 37

4.1.3 著作权及其他知识产权侵权 / 38

4.2 典型案例 / 40

4.2.1 美国有关专利产品再制造侵权案例 / 40

4.2.2 日本有关专利产品再制造侵权案例 / 42

4.2.3 德国有关专利产品再制造侵权案例 / 43

4.2.4 我国有关专利产品再制造侵权案例 / 44

5 再制造产业的知识产权侵权辨析 / 46

5.1 专利侵权 / 46

5.1.1 我国专利侵权判定中等同原则实践对策 / 46

5.1.2 专利产品再制造的侵权辨析及授权许可策略 / 49

5.2 商标假冒 / 55

5.2.1　商标反向混淆的危害与对策 / 55

5.2.2　再制造品的商标合规与反向假冒 / 61

5.3　版权及集成电路布图侵权、人力资源流动与商业秘密保护 / 65

5.3.1　版权及集成电路布图侵权 / 65

5.3.2　人力资源流动与商业秘密保护 / 66

6　供应链视角下再制造产业的知识产权许可策略研究 / 73

6.1　考虑政府补贴的差别定价闭环供应链及契约协调机制研究 / 74

6.1.1　引言 / 74

6.1.2　研究假设与符号说明 / 76

6.1.3　集中式决策闭环供应链模型 / 77

6.1.4　分散式决策闭环供应链模型 / 80

6.1.5　政府补贴背景下差别定价闭环供应链契约协调决策
　　　　模型 / 87

6.1.6　算例分析 / 90

6.2　专利保护背景下闭环供应链的再制造策略研究 / 94

6.2.1　引言 / 95

6.2.2　问题描述和符号说明 / 97

6.2.3　模型分析 / 98

6.2.4　数值算例 / 104

**6.3　专利产品再制造视角下闭环供应链的决策优化与授权许可策略
　　　研究 / 105**

6.3.1　引言 / 105

6.3.2　问题描述 / 107

6.3.3　模型及求解 / 108

6.3.4　仿真实验 / 110

7 再制造产业的发展战略规划与治理对策 / 112

7.1 再制造产业的知识产权战略研究 / 113

7.1.1 再制造产业商标战略体系的构建 / 113

7.1.2 再制造产业专利战略体系的构建 / 114

7.1.3 专利池战略构想 / 115

7.1.4 技术标准战略构想 / 115

7.2 我国再制造产业专利池的构建策略研究 / 116

7.2.1 我国专利池的相关实践 / 116

7.2.2 我国专利池运营现状分析 / 117

7.2.3 我国再制造专利池构建的建议 / 118

7.3 基于再制造技术交易平台的行业治理机制 / 119

7.3.1 技术交易平台简介 / 119

7.3.2 技术交易平台的发展瓶颈 / 120

7.3.3 再制造技术交易平台的发展展望 / 120

7.3.4 再制造服务平台"一站式"服务模式建议 / 121

7.4 ESG 视角下再制造产业的治理对策 / 122

7.4.1 制定行业规范并完善公共服务体系 / 123

7.4.2 夯实再制造产品质量并建立 ESG 信息披露机制 / 124

参考文献 / 127

1 绪论

随着人们环保意识的增强和循环经济理念的普及，再制造产业逐渐成为备受关注的新兴领域。然而，再制造产业在快速发展的同时也面临着诸多挑战，包括知识产权侵权风险等。本章主要介绍了再制造产业发展的背景以及相关知识产权风险的基本概况，并概述了本书的主要研究内容，归纳了本书整体的研究思路，介绍了本书的主要研究方法，并列举了本书的主要创新点。

1.1 研究背景与研究意义

1.1.2 研究背景

共同应对气候变化，可持续发展已成为全球共识。绿色化转型成为世界各个国家、企业一致的任务。在这样的发展进程中，中国于 2020 年率先提出"3060 目标"，即 2030 年前实现"碳达峰"，2060 年前实现"碳中和"，在世界范围内成为绿色转型发展的领路人。在全球气候变暖和能源危机的大背景下，越来越多的国家出台节能减排的计划和排放限制措施，企业面临新的市场环境与发展机遇。如何调整企业生产与运营策略，通过有效的手段来控制碳排放是政府和企业共同关心的研究议题。再制造和循环利用可以减少碳排放量，实现资源的综合利用。可见，再制造作为实现碳减排的有效手段，是一种可以兼顾经济和低碳发展的生产方式。通过对旧产品的回收利用，既能避免资源浪费又能简化生产工艺，减少碳排放量。在企业实践中，生产经营的低碳化和再制造方式是应对碳排放限制较为有效的方式，已经成为企业塑造竞争优势的新制高点。

再制造产业是指以产品"全寿命周期理论"为指导，以废旧产品的性能提升为目标，在原有产业的基础上，将废旧产品利用技术手段进行修复和改造的一种产业。再制造产业是相对于原产业的次级市场（也称二级市场）。在《中国制造 2025》和"十三五"规划中的绿色发展思想的政策背景下，具有循环利用、保护环境作用的再制造产业成为人们热议的焦点。知识经济时代，国内外经济环境的激烈变化，跨国公司正加速实施知识产权战略，如通过专利武器，占领并控制技术的制高点，压缩我国企业技术创新和市场拓展空间。在再制造产业发展过程中，逐步产生了如对专利产品实施再制造是否侵权，如何区别再制造产业产品的修理与再制造等一系列知识产权的相关问题。可见，再制造产业涉及原产品知识产权人的专利与再制造厂家的利益冲突。这是我国知识产权战略和再制造产业发展中不容回避的课题。

ESG 理论是一种关注企业环境、社会和公司治理（environmental, social and governance，ESG）绩效的投资理念和企业评价标准。它强调企业在追求财务绩效的同时，也应关注其在环境、社会和公司治理方面的表现。ESG 作为实现"碳达峰"的重要抓手之一，是评估企业经营的可持续性与对社会价值观念的影响的重要方式。自提出 ESG 理论以来，以其广泛适用性和可量化评估的特质，在世界范围内快速传播应用、成为全球新共识。以 ESG 作为企业评分标准于境外已行之有年，将知识产权纳入 ESG 更是有迹可循，如台积电（TSMC）于 2013 年首创企业营业秘密注册制度时，已将营业秘密注册制度纳入企业 ESG。

ESG 视角下，再制造产业不仅能节约能源消耗、减少"三废"排放，还能帮助再制造企业节约原材料成本。由于原产品受知识产权保护，明确再制造的侵权风险，是协调再制造闭环供应链利益平衡的基础。随着再制造产业的发展，国内外相关侵权案例不断涌现，因此需要研究知识产权保护下再制造产业及闭环供应链的相关课题，如再制造产业的知识产权侵权类型及辨析，并建立 ESG 视角下的治理机制，依此建立有效的供应链决策优化及再授权模式，通过再制造闭环供应链的决策模型和协调机制，实现各方合理分享再制造产业发展的收益，消除知识产权侵权纠纷和利益冲突，协同实现我国再制造产业的持续发展，进而为低碳经济提供产业支撑。

1.1.2 研究意义

1.1.2.1 理论意义

本书从全新的 ESG 视角出发，深入探讨了再制造产业中存在的知识产权风险，为该领域的研究提供了新的思路和方法。同时，本书提出了相应的治理对策，为再制造产业中的知识产权风险提供了切实可行的解决方案，有助于促进再制造产业的健康发展，同时也为循环经济发展提供了有力支持。该研究成果有助于提高人们对再制造产业中知识产权风险的认知，加强知识产权保护和管理，促进循环经济可持续发展。

（1）本书从全新的视角探讨了再制造产业中存在的知识产权风险，为该领域的研究提供了新的思路和方法。以往的再制造研究主要关注技术、经济和环境等方面，而忽略了知识产权风险这一重要因素。从 ESG 视角出发，可以更全面地了解再制造产业的现状和发展趋势，为政策制定和产业规划提供更有针对性的支持。

（2）本书提出的治理对策为再制造产业中的知识产权风险提供了切实可行的解决方案。传统的知识产权风险治理方法往往局限于法律手段，而忽视了其他途径的可行性。本书结合 ESG 理念和再制造产业的实际情况提出了多种治理对策，如加强知识产权保护法规的制定和实施、增强企业的知识产权意识、加强知识产权管理、建立知识产权预警机制等。这些对策不仅可以降低再制造产业中的知识产权风险，还可以促进该产业可持续发展，为循环经济发展提供有力支持。

（3）本书的研究成果有助于提高人们对再制造产业中知识产权风险的认知。通过深入探讨再制造产业中存在的知识产权风险及治理对策，可以提高人们对再制造产业的认识，增强其知识产权保护意识，为促进再制造产业的健康发展营造良好的社会环境。同时，本书的研究成果也可以为其他相关领域的研究提供参考和借鉴，推动知识产权保护和管理的研究与实践不断向前发展。

1.1.2.2 现实意义

近年来，全球气候变暖和能源危机成为国际社会极为关注的话题。在这样的大背景下，降低碳排放，实现可持续发展已成为全人类的共识。低碳经济日益受到全世界的关注，各国企业都试图将低碳与经济效益结合起来寻找新的增长点，而再制造活动就是低碳实践中被证明行之有效的一种方式。通过碳减排政策及旧产品回收再制造活动，一方面可以促进企业积极承担环境保护责任，降低碳排放量；另一方面可以实现产业结构调整与产业升级，提高资源利用效率。

（1）本书的研究成果为循环经济发展提供了有力支撑。再制造产业是循环经济的重要组成部分，通过加强知识产权保护和管理，可以促进再制造产业的创新和发展，推动循环经济的良性运行。本书的研究成果有助于实现资源的高效利用和环境的友好发展。

（2）本书的研究成果有助于低碳经济发展。低碳经济要求减少能源消耗和环境污染，再制造产业通过采用先进的技术和工艺，实现产品的修复、再制造，减少了对原材料的消耗和废弃物的产生，符合低碳经济发展的要求。而知识产权保护则是实现技术创新和产业升级的重要保障。本书的研究成果为低碳经济发展提供了坚实支撑。

（3）本书对再制造产业发展具有重要意义。再制造产业是一个具有巨大潜力的新兴产业，但同时也面临着许多挑战，包括知识产权风险等。本书的研究成果为再制造企业提供了切实可行的指导，帮助企业规避风险，提高竞争力，促进再制造产业的健康发展。同时，本书的研究成果也为再制造产业发展提供了理论支持和实践指导，有助于推动再制造产业的技术创新和产业升级。

综上所述，ESG 视角下再制造产业的知识产权风险与治理对策研究有助于人们提高对再制造产业中知识产权风险的认知，加强知识产权保护和管理，促进循环经济可持续发展。同时，还对循环经济、低碳经济、再制造产业发展具有非常重要的现实意义，不仅有助于再制造产业和循环经济的发展，也有助于增强社会公众的知识产权意识，推动知识产权保护工作的进步。

1.2 研究思路与研究方法

1.2.1 研究思路

本书的研究思路可以概括为以下六个关键步骤：

1.2.1.1 理论剖析与文献综述

归纳与主题相关的理论基础知识，提炼核心理论与再制造知识产权的关系，形成聚焦本研究的核心理论要点；收集和分析现有的关于 ESG、再制造产业和知识产权风险的相关文献，了解现有研究的基础和现状，为后续研究提供参考和指导。

1.2.1.2 态势分析和比较研究

明确本研究的目标是分析再制造产业在 ESG 视角下的知识产权风险，并提出相应的治理对策。从市场规模、技术水平、政策支持、市场结构等方面，比较所选再制造产业国家或地区的异同，分析各自的优势和劣势。进一步分析影响再制造产业发展的各种因素，如资源禀赋、产业结构、市场需求等，并探讨其对再制造产业发展的影响。

1.2.1.3 风险类型识别与案例研究

从环境、社会和治理三个维度识别再制造产业中可能存在的知识产权风险，如侵权行为、纠纷处理、合规性等。通过市场调研、企业访谈、案例分析等方法，搜集再制造企业、投资者、政策制定者等利益相关方的数据和意见。对已识别的风险类型进行分析，明确各种侵权行为的特征和表现形式，为后续的侵权判断和纠纷处理提供依据。搜集再制造产业中的知识产权侵权案例，进行深入剖析，总结侵权发生的原因、过程和结果，为风险治理提供实践经验。

1.2.1.4 再制造知识产权侵权辨析

从专利侵权、商标假冒与再制造品、著作权及其他知识产权三个视角进行知识产权侵权辨析研究。其中，专利侵权部分先从我国专利侵权判定中等同原则实践对策出发，进而深化研究专利产品再制造的侵权辨析及授权许可策略。商标假冒部分先从商标反向混淆的危害与对策入手，接着重点分析了再制造品的商标规范与反向假冒问题，指出再制造商为了使产品有更好的销路，也更倾向于保留原有的标识。著作权及其他知识产权部分主要从版权及集成电路布图和人才流动与商业秘密保护关系着手研究，总结了集成电路布图设计专有权主要涉及未经授权的复制、制造、销售等行为，侵权行为可能包括未经许可的仿制和逆向工程等。

1.2.1.5 再制造知识产权许可策略

一是考虑政府补贴的差别定价闭环供应链及契约协调机制问题，针对不同政府补贴模式下闭环供应链的差别定价决策及契约机制进行研究，结果表明，作为市场主导者的制造商，可以通过调整自身再制造品的批发价格，分享由政府补贴零售商所带来的效益，因而制造商在整个政府补贴机制下具有更高的议价能力。二是专利保护下闭环供应链的再制造策略研究，讨论了专利保护下原制造商对旧产品再制造采取的策略，构建了一个涉及制造商、再制造商和零售商的闭环供应链动态博弈模型，分析了专利产品再制造的决策优化与授权许可策略，强调再制造成本节约的重要性和专利产品再制造的经济效益分配。三是专利产品再制造下闭环供应链的决策优化与授权许可策略研究，讨论了专利产品再制造构成的一类特殊闭环供应链的决策优化问题，制造商是专利产品的权利人，授权许可再制造商回收旧产品并进行再制造。通过建立由参与方构成的三阶段动态博弈模型，研究了这类闭环供应链中各主体的最优决策以及专利授权许可费。

1.2.1.6 战略规划与治理对策的提出

根据上述分析结果，提出相应的知识产权风险治理对策，总结研究结果并提出进一步研究方向和建议，为再制造产业的知识产权风险管理提供参考和借鉴。具体从以下四个方面提出 ESG 视角下再制造产业的知识产权战略规划与治理对策。一是再制造产业的知识产权战略研究，提出再制造品除了标注再制造厂家的商标之外，还应该同时保留原产品的授权商标；专利领域的战略规划包括专利保护、专利池战略以及技术标准战略，提出建立再制造标准体系，制定再制造技术标准和规范。二是再制造产业的专利池构建策略问题，提出我国需要以专利技术的优势实现再制造产业中企业之间的协同发展，以专利池推动产业技术升级，提高产业发展质量和层次，增强企业的市场竞争力和产业的发展后劲，确保产业的长效发展。三是从行业治理角度提出再制造技术交易平台的规划，构建再制造服务平台的一站式服务模式，充分发挥其中介平台的作用，促进再制造产业高质量发展。四是基于 ESG 视角提出了宏观和微观相结合的治理对策。政府层面主要包括规范再制造品的质量标准，引导消费者正视再制造产业，将 ESG 理念引入知识产权法等；企业层面主要包括从保障再制造品质量入手降低消费者感知的不确定性，积极响应政府号召，完善 ESG 信息披露等。

1.2.2 研究方法

1.2.2.1 文献综述

本方法的研究得出循环经济下再制造产业的发展规划主要从产业政策方面入手，基于知识产权战略对策的研究尚不充分；ESG 视角下再制造产业领域注重社会责任的研究，但知识产权规制方面的研究尚有所缺失；再制造产业的知识产权侵权受到重视，但仍然偏重侵权法理分析，产业经济视角下的治理机制研究有所缺乏；供应链视角下的知识产权全链条运营在高新技术产业受到重视，但再制造产业的知识产权运营尚未有系统的研究。

1.2.2.2　比较研究

本书通过数据统计和比较分析，评估再制造产业中知识产权风险的程度和影响，为研究结果提供客观依据。数据统计表明国家之间再制造产业的发展水平存在着明显的差异，一些发达国家已经形成了较为完善的再制造产业体系，而其他发展中国家则处于起步阶段。比较研究发现我国还需要加强国际合作和交流，借鉴发达国家的经验和做法，探索适合本国国情的再制造产业发展模式。

1.2.2.3　案例研究

本书通过对再制造产业的典型案例剖析，深入了解再制造产业中知识产权风险的实际情况，为制定治理对策提供依据。本书研究了美国历史上对专利产品再制造侵权的判例、日本有关专利产品再制造侵权案例、德国有关专利产品再制造侵权案例以及我国有关专利产品再制造侵权案例，发现我国对专利产品再制造侵权案件处理相对较少，因此在判断标准上还是依据专利法中的相关规则或原则。

1.2.2.4　应用研究

通过对第 6 章的知识产权许可策略和第 7 章的发展战略规划与治理对策进行应用研究，为 ESG 视角下再制造产业的知识产权治理模式提供实际应用的决策支持。知识产权许可策略部分重点研究了三个问题，一是考虑政府补贴的差别定价闭环供应链及契约协调机制，二是专利保护下闭环供应链的再制造策略，三是专利产品再制造视角下闭环供应链的决策优化与授权许可策略。发展战略规划与治理对策部分则从以下四个方面提出 ESG 视角下再制造产业的知识产权战略规划与治理对策，一是再制造产业的知识产权战略研究，二是再制造产业的专利池构建策略问题，三是从行业治理角度提出再制造技术交易平台的规划，四是基于 ESG 视角提出了宏观和微观相结合的治理对策。

1.3 创新之处

（1）聚焦再制造产业拓展了知识产权侵权风险分析框架。再制造产业是一个新兴领域，涉及产品的修复、再制造和销售等多个环节。在再制造产业中，知识产权侵权风险的分析需要考虑到再制造产品的特点、市场环境、消费者认知等多个因素，与传统知识产权侵权风险的分析框架有所不同。通过聚焦再制造产业，可以进一步完善知识产权侵权风险的分析框架，为再制造产业的知识产权保护提供更有针对性的指导。

（2）基于 ESG 视角提出再制造产业的知识产权管理对策。在再制造过程中，企业应注重资源利用效率，减少环境污染，推动绿色发展。不仅需要关注再制造产业的经济效益和社会效益，还需要考虑环境因素。通过将 ESG 理念融入再制造产业的知识产权管理研究，提出建立完善的知识产权管理制度，包括知识产权的申请、保护、使用、转让等环节，并增强人们的知识产权风险意识。在 ESG 视角下，再制造产业的知识产权管理需要综合考虑社会和环境因素。同时，企业还应注重知识产权管理的智能化和自动化，通过自动化处理和决策支持系统等技术手段，提高管理效率和准确性。

（3）基于闭环供应链管理理论提出供应链优化与再制造授权的联合对策。在再制造闭合供应链视角下，本书提出了新的治理对策。再制造闭合供应链是一个完整的循环系统，包括生产、销售、回收、再制造和废弃物处理等多个环节。本书从供应链理论的角度出发，提出了加强知识产权保护、促进信息共享、优化资源配置等对策，为再制造闭合供应链的健康发展提供了有力支持。基于闭环供应链管理理论提出供应链优化与再制造授权的联合对策，需要建立闭环供应链管理系统、加强与再制造商的合作、构建完善的供应链风险控制体系。这些对策有助于提高供应链的效率和稳定性，实现再制造产业可持续发展，同时也为企业带来更多的商业机会和竞争优势。

2　相关理论基础与文献综述

相关理论基础主要包括绿色经济、循环经济与再制造、ESG治理理论、知识产权相关理论等。这些理论为再制造产业的知识产权保护提供了重要的指导思想和方法。现有研究主要包括以下几个方面：探讨再制造产业知识产权保护的重要性、必要性和紧迫性；分析再制造产业知识产权侵权风险的具体表现形式和特点；研究再制造产业知识产权侵权风险的原因和影响因素；提出再制造产业知识产权保护的对策和建议，包括加强制度建设、增强风险意识、加强合作和信息共享、建立预警机制和纠纷解决机制等。

2.1　相关理论基础

2.1.1　绿色经济、循环经济与再制造

2.1.1.1　绿色经济

"绿色经济"一词源自美国经济学家肯尼斯·鲍尔丁于1989年出版的《绿色经济蓝皮书》①。绿色经济学主张从社会及生态条件出发，建立一种"可承受的经济"。经济发展必须是自然环境和人类自身可以承受的，不会因盲目追求生产增长而造成社会分裂和生态危机，不会因为自然资源耗竭而使经济无法持续发展。绿色经济是生态经济，其实质是经济可持续发展。可持续发展思想是在人类进入工业经济时代以来，由于人类对自然资

---

① 美国经济学家肯尼斯·鲍尔丁的《绿色经济蓝皮书》建立了一种新的经济模式，即"生态经济"模式，强调生态学和生态经济的原理来重新配置资源和经济发展，促进经济的可持续发展。该书对于全球环境问题和经济发展提出了新的思考和解决方案，对后来的绿色经济研究和政策制定产生了重要影响。

源的掠夺和对环境的破坏，不断遭受生态环境的报复之后，思考人类与环境的关系而得出的结论。其核心思想是，人类在发展的过程中，处理好发展与资源、发展与环境的关系，使得发展一方面满足当代人的需要，另一方面要不损害后代人的利益，不对后代人满足其需要的能力构成威胁。这一思想见于1987年挪威首相布兰特夫人等编写的《我们共同的未来》① 一书对可持续发展的定义："持续发展是既满足当代人的需要又不对后代人的满足其需要的能力构成威胁的发展。"这一思想得到当代社会各界人士的认同。

资源约束理论认为，自然资源是有限的，随着人口增长和经济发展，资源的供给将逐渐受限。而环境经济学关注经济活动对环境的影响以及环境政策的设计，它在经济学框架下考虑环境问题，通过分析环境的经济价值、环境政策的经济效应等，为环境保护和绿色经济发展提供了经济学模型与工具。绿色经济理念提倡通过资源的有效利用和环境友好型的生产方式，实现经济的发展与自然生态的和谐共存。绿色经济理念推动了新的产业和就业机会，转向可再生能源、环保科技和生态旅游等绿色领域，为社会创造新的经济增长点，不仅有助于减少传统高碳产业对环境的负面影响，也为社会提供了更多就业岗位。

绿色经济包括绿色低碳产业、节能环保产业、循环经济、生态经济和新能源、可再生能源、非石化能源、清洁能源等。发展绿色经济，不仅是长期发展的战略举措，也是当前发展的一项任务。

2.1.1.2 循环经济

循环经济理论②强调将资源的生命周期延长，通过循环利用、再生利用和回收利用来减少资源的消耗和浪费，其核心概念包括资源循环、产业协同和生态效益等方面。在国家推进碳中和的背景下，实现经济高质量发

---

① 挪威首相布兰特夫人与经济学家布伦特·斯托尔滕贝格共同撰写了《我们共同的未来》。这本书探讨了挪威经济和全球经济的未来发展，并提出了对可持续发展的建议。布兰特夫人和斯托尔滕贝格通过这本书强调了可持续发展的重要性，并呼吁全球领导人采取更加环保和可持续的经济发展方式。该书还强调了挪威在气候变化和环境保护方面的承诺和努力，以及挪威政府在应对这些挑战方面的战略和政策。

② 循环经济理论是由美国经济学家肯尼斯·鲍尔丁提出的。他被誉为"生态经济时代最重要的预言家之一"。鲍尔丁提出的这一理论强调了人类在利用自然和改造自然的过程中，必须树立可持续发展的观念，使得循环经济不仅包括"摇篮到摇篮"和"从摇篮到坟墓"的概念，而且包括工业、农业、生活废弃物等各个方面的资源综合利用和循环利用的思想。这一理论为人类社会与环境的协调发展指明了新的发展途径。

展尤为重要。循环经济有降低能源消耗和碳排放的作用，是实现经济高质量发展的必由之路。循环经济理论是一种经济发展模式，旨在实现资源的最大化利用和减少对自然环境的负面影响。

循环经济的主要观点如下：一是循环经济理论认为经济系统应该是一个闭环系统，其中资源的生产和消费过程被设计为循环和再利用。与传统的线性经济模式不同，循环经济理论强调通过回收和再生利用资源，将废物转化为资源，实现资源的循环利用。二是循环经济理论提倡减少资源的消耗，通过最大程度地延长产品和材料的使用寿命，延缓资源的耗竭。通过优化产品设计、延长产品寿命周期、提高资源利用效率等措施，实现资源的最大化利用。三是循环经济理论强调优先选择再生资源，即将废弃物再利用为新的原材料。通过废弃物回收和再加工，可以减少对原始资源的依赖，降低能源消耗和减少环境污染。四是循环经济理论着重构建完整的循环经济价值链。这意味着，要在整个生命周期中实现资源的循环利用，包括从资源开采、生产、分销、使用到废弃物处理的全过程管理，以最大化资源价值和减少环境影响。五是循环经济理论认为政策和制度的支持对于实现循环经济至关重要。构建激励机制和法规框架，鼓励企业和个人采取循环经济行动，推动循环经济的实践和发展。政府可以制定和执行环境保护政策，鼓励绿色创新和技术发展，以促进循环经济的转型。

总体来说，循环经济理论强调通过最大化资源的回收和再利用，实现经济发展与资源保护的协调。通过优化资源利用效率、降低废物产生、减少环境污染，循环经济可以实现经济可持续发展，为构建一个更加可持续发展和繁荣的社会做出贡献。因此，循环经济理论被认为是实现可持续发展的重要途径。

2.1.1.3 再制造

再制造产业是指以产品"全寿命周期理论"[①] 为指导，以先进技术为手段，以废旧产品的性能提升为目标，在原有产业的基础上，将废旧产品利用技术手段进行修复和改造的一种产业。现在的再制造一般包括两种类型，一种是对废旧产品整体的再制造，另一种是对废旧产品当中的某些零

---

① 全寿命周期理论是由美国杜邦公司提出的一种系统理论，它强调将一个系统的生命周期划分为不同的阶段，并从整个生命周期的角度来考虑系统的设计、建设、运行、维护、更新和报废等各个阶段，以实现资源的最大化利用和成本的有效控制。该理论最初应用于工程领域，后来逐渐扩展到其他领域，成为一种重要的系统管理方法。

部件的再制造。再制造产业在我国发展 20 余年来，已然获得国家政府机关、行业领域和社会各界的广泛认可与大力支持，在市场中迎来广阔发展前景。

再制造产业是我国战略性新兴产业，是促进循环经济建设和落实"双碳"目标的重要着力点。1999 年，徐滨士院士首次提出"再制造"。我国再制造产业发展实行了政策先行、创新驱动、产业支撑的方针策略。作为国家着力发展的战略性新兴产业，从"十五"期间技术论证理论探索，"十一五"期间有序组织开展试点工作，"十二五"期间全面布局推进完善再制造政策体系建设，"十三五"期间加速落实再制造产业高质量发展，到"十四五"期间持续深化再制造产业改革，我国再制造产业的蓬勃发展受益于顶层设计和统筹规划。《中华人民共和国循环经济促进法》《关于推进再制造产业发展的意见》和《中国制造 2025》等一系列政策措施的出台，进一步推动了再制造技术的应用创新和产业的规范化、规模化发展。"十四五"期间发布的《"十四五"循环经济发展规划》《"十四五"工业绿色发展规划》中提出，要将高端智能再制造作为未来再制造重点研发领域、拓宽再制造产业模式、落实再制造产业高质量发展等战略方针，高度契合了"绿水青山就是金山银山"① 的可持续发展理念。

2.1.2 ESG 治理相关理论

新时代，我国经济已从高速发展阶段转为高质量发展阶段。为实现经济高质量发展，我国经济开始寻求多元化、可持续发展方式。对于我国企业来说，实现可持续发展不仅符合我国经济发展的潮流，更有利于企业以及市场的稳定发展。企业可持续发展要求自然环境、社会责任履行、经济利益实现等多方面协调发展。我国提出"2030 年前实现碳达峰、2060 年前实现碳中和"的"双碳"目标，旨在实现环境可持续发展的目标。"双碳"目标已经成为衡量我国生态发展、绿色经济发展的重要指标。同样，社会责任也成为我国经济发展的热点问题之一。企业在追求经济利益的同时，社会责任也会影响企业形象和利益。新时代，企业应注重自身社会责任的履行，塑造企业品牌形象。同时，部分企业已开始报告自身的社会责

---

① "绿水青山就是金山银山"是时任浙江省委书记习近平于 2005 年 8 月在浙江湖州安吉考察时提出的科学论断。这个理念现在已经成为国家政策和全社会共识，强调了环境保护和经济发展的辩证统一关系，表明良好的生态环境本身就是一种宝贵的财富。

任的履行情况，这也促进了企业可持续发展。随着我国对环境、社会责任以及可持续发展的关注度日益提升，ESG 理念进入人们的视野。

随着全球气候变化问题的加剧，ESG 投资在全球范围内得到了广泛的认可和应用。ESG 评价体系不仅包括投资者和评级机构，还包括企业本身，它们共同推动了 ESG 的发展。

ESG 理论强调企业在追求财务绩效的同时，也应关注其在环境、社会和公司治理方面的表现。ESG 的三个维度分别代表了环境、社会和公司治理。其中，环境方面涉及企业对环境的影响，如环保政策、污染物防治、资源循环利用等；社会则关注企业与外部组织机构及群体之间的关系，包括员工雇佣、健康与安全、社区投资等；公司治理是指企业的治理结构、透明度、股东权利、管理层薪酬等方面。

ESG 投资旨在将环境、社会和公司治理因素纳入投资决策，以促进企业长期可持续发展。这种投资方式鼓励投资者对企业的非财务信息进行评估，从而在追求财务回报的同时，也支持那些在社会责任和环境保护方面表现良好的企业。ESG 的核心理念是在商业价值与社会责任之间取得平衡。

ESG 理论涉及利益相关者理论、可持续发展理论和委托代理理论三个方面。

（1）利益相关者理论。Freeman（1984）较为完整地提出了利益相关者概念，其中利益相关者包括所有者、顾客、员工、供应商、政府等，并认为企业发展离不开各方利益相关者的投入和参与，企业应该追求整体利益最大化，而不仅仅是股东利益最大化。企业在环境、社会责任和公司治理上的不健全将损害员工、所在社区甚至是整个社会的利益，降低社会对企业的估值，影响企业的社会效益。这使得越来越多的投资者在公司经济绩效维度之外，同时关注 E、S 和 G 等维度的情况。中国工商银行绿色金融课题组等依据我国的现实情况，以利益相关者理论作为理论基础之一，初步探索构建了 ESG 绿色评级体系。

（2）可持续发展理论。可持续发展概念源于环保问题，它的提出最早可以追溯到 1972 年召开的斯德哥尔摩世界环境大会。1987 年，世界环境与发展委员会（WCED）在报告《我们共同的未来》中指出，可持续发展是指在满足当代人需求的同时，又不损害后代人满足其需求能力的发展。此后，人们在实践和研究中逐步形成了可持续发展理论。可持续发展理论以公平性、持续性和共同性为原则，是 ESG 的理论支柱之一。ESG 的基本理念是基于对可持续发展模式的不断探索，发现企业在 ESG 方面表现良好才能实现经济、社会和生态效益的共赢，进而提升投资者对企业发展的信心，实现良性资本循环。

（3）委托代理理论。随着生产力的发展和公司经营管理活动的日益复杂，所有者逐渐力不从心，开始寻求具备专业管理能力的职业经理人来管理公司，由此职业经理人成为公司的实际经营者，公司逐步呈现"两权分离"的局面，委托代理关系产生。Jensen 和 Meckling（1976）基于委托代理关系，对管理层与所有者之间的利益冲突进行研究，正式提出委托代理理论。与所有者相比，管理层在公司运营管理过程中掌握了更多的内部信息，为了追求自身利益其可能做出损害所有者利益甚至危害企业生存与发展的决策，这便是第一类关于委托人（所有者）与代理人（管理层）的委托代理问题。加大 ESG 投入有助于管理层塑造更优质的企业家形象，而所有者与管理层之间存在的信息不对称使得管理层有动机实施企业 ESG "漂绿"行为以欺骗股东。因此，规范的企业 ESG 信息披露要求与相应的公司治理机制建设便显得尤为重要。相较于已有的 CSR（企业社会责任）概念，ESG 概念基于可持续发展理论，将环境因素纳入公司实现长远发展需要关注的要素中，更有利于形成公司内部治理效果和外部效应提升的和谐统一。基于利益相关者理论、可持续发展理论和委托代理理论将 E、S、G 三个方面结合起来考虑 ESG 概念，更加契合全社会实现可持续发展的要求。

ESG 理念在我国起步相对较晚。从市场整体情况看，国内的 ESG 发展目前尚处于初级阶段，还存在诸多问题。

2.1.3　知识产权相关理论

17 世纪中叶，法国卡普佐夫提出了"知识产权"一词，后被定义为"一切来自知识活动的权利"。世界知识产权组织于 1967 年发布《建立世界知识产权组织公约》之后，知识产权被国际社会广泛使用和传播。我国现行的知识产权法规主要有《中华人民共和国著作权法》《中华人民共和国专利法》《中华人民共和国反不正当竞争法》《中华人民共和国商标法》《中华人民共和国技术合同法》《中华人民共和国民法通则》以及相关的实施细则和配套条例等。此外，我国加入的一系列有关保护知识产权方面的国际公约，如《建立世界知识产权组织公约》《保护工业产权巴黎公约》《保护文学艺术作品的伯尔尼公约》《商标国际注册马德里协定》《世界知识产权组织表演和录音制品条约》《专利合作条约》《世界版权公约》等，也都是构成我国保护知识产权法律体系的组成部分。

知识产权是"基于创造成果和工商标记依法产生的权利的统称"，是指权利人对其在科学、技术、文学、艺术等方面所创造的智力劳动成果享有权利，是依照各国知识产权相关法律所赋予权利人对发明成果在一定时期内所享有的独占权利。最主要的三种知识产权是著作权、专利权和商标权，其中专利权与商标权也被统称为工业产权。知识产权的英文为"intellectual property"，也被翻译为"智力成果权""智慧财产权"或"智力财产权"。

2.1.3.1 知识产权权利用尽原则

《中华人民共和国专利法》不仅要保护权利人的利益，也要保护社会公共利益，还要协调好专利权人与其他社会公众的利益，通过对权利人利益的一些限制来实现各方利益平衡，最终实现促进科学技术进步和经济社会发展的目标。

权利用尽原则是知识产权法上的一个重要原则①。这一原则是基于私人利益与社会利益的平衡而产生的，其直接理论依据是经济利益回报。它在传统知识产权领域得到认可，并被用来分析国际贸易中的平行进口问题。

知识产权权利用尽原则是著作权、专利和商标制度中都适用的原则。一种产品在出售时，其价格中包含研发设计、原材料、加工、商业渠道等费用，同样包括专利权、商标权、技术秘密等知识产权，产品的售价可以视为是由这些费用加上厂家的利润构成的。

产品售出时，其中含有的专利权和商标权已经一次性实现了其价值，厂家已经一次性得到了研发和维持知识产权费用的回报。此后，购买人再对产品进行使用、销售、许诺销售等就不受知识产权权利人的制约。这体现了设立知识产权制度的初衷：鼓励发明创造，鼓励制造高质量的产品，同时不得限制合理的市场流通。

---

① 权利用尽原则是指在特定情况下，知识产权权利人在一定期限内对相关知识产权的利用已经穷尽所有权利，后续使用不需要再经过权利人的授权。该原则适用于专利权、商标权、著作权等知识产权领域。

英国对专利权用尽的解释是"默示许可"理论，即专利权人对其专利产品的权利可以延伸到该专利产品随后的任何使用和销售行为，可以对其售出或许可售出的专利产品的使用和销售提出明示限制条件。如果在首次销售时没有提出明示限制条件，就意味着专利权人"默示许可"了在首次销售之后的使用和销售可以不受专利权人的制约。德国的专利权用尽原则也被称为法定说理论、内在限定理论等，是对专利权的一种本质性的限定，不论是否存在额外的限制性条件，都不能排除该原则的适用性。我国一开始采用的是德国的专利权用尽原则。权利用尽原则，又被称为权利穷竭原则或权利耗尽原则，是知识产权法上的一个基本原则，是指知识产权所有人一旦将知识产权产品合法地置于流通领域之后，该知识产权人所拥有的一些或全部的排他权也就用尽。

权利用尽原则的核心在于，知识产权所有人或被许可人一旦将知识产权产品合法流通后，原知识产权权利人就丧失了在一定地域范围内对该产品的进一步控制权，权利人的权利即被认为用尽、穷竭了。这意味着，购买者获得了该产品的所有权，并有权对其进行再使用和再销售，以发挥其最大价值。权利用尽原则的实施对象是知识产权产品，包括专利产品、商标产品、版权产品等。例如，一件产品如果包含了专利权利要求的全部技术特征，则被称为专利产品；如果标注了获得商标权的完整商标图样，则被称为注册商标产品；如果包含了完整的拥有软件著作权的代码，则被称为版权产品。

权利用尽原则有两种情形：一种是首次出售，即知识产权权利人售出知识产权产品后，权利人不得再以知识产权产品价款中未包含知识产权许可费为由再向下游的经销者、使用者收取许可费。另一种是侵权获赔，即如果知识产权产品在市场上流通后，权利人已经从中获利，权利人的权利已经实现，权利人不应当就同一商品重复获利。需要注意的是，权利用尽原则不适用于"反向假冒"行为，即不能以权利用尽原则否定反向假冒为侵权行为。此外，不同类型的知识产权，其权利用尽的情形会有不同。例如，《中华人民共和国专利法》规定，专利产品或者依照专利方法直接获得的产品，由专利权人或者经其许可的单位、个人售出后，使用、许诺销售、销售、进口该产品的，不视为侵犯专利权。

2.1.3.2 再制造产业相关知识产权保护

美国根据反垄断法提出了"首次销售"理论：一件专利产品在合法地

出售之后，就脱离了专利权人的控制范围，专利权人无权再对该产品的使用或销售施加任何限制。美国联邦贸易委员会相关规定给出以下几条基本原则：一是原制造商的产品在第一次出售时，其产权就随原产品转让给消费者了，消费者在产品消费后是报废、维修还是重新制造，原制造商都无权干预；二是再制造商只要在再制造过程中不存在更换使用原制造商专利权保护的零配件，就不存在知识产权冲突；三是依据商标法原理，再制造产品应当标示再制造厂家自己的商标，而不是原生产厂家的商标，否则就构成商标侵权。

《中华人民共和国专利法》第六十三条规定：专利权人制造、进口或者经专利权人许可而制造、进口的专利产品或者依照专利方法直接获得的产品售出后，使用、许诺销售或者销售该产品不视为侵犯专利权。也就是说，专利产品在售出后，专利产品使用人享有使用权和许诺销售、销售权，但仍然没有制造权和进口权，包括属于制造的"再造"。发明、实用新型和外观设计三种专利的权利范围都包括"制造权"，而再制造所可能侵犯的正是"制造权"。"再造""实质上制造了一个新产品"，再制造行为的目的和后果都如同重新制造新产品，目的是获得如同新产品一样的完整使用价值，属于"制造"的范畴。汪玉璇（2005）结合相关判例对专利产品的"再造"作出如下定义：出于生产经营目的，对整体报废的专利产品进行再制造的行为为"再造"，属于"制造"，它构成了对知识产权人"制造权"的侵犯。另外，对专利产品的进口也构成对专利权人"进口权"的侵犯。

再制造产业涉及大量的知识产权纠纷问题，主要包括产品或设备的修理与再制造的技术及法理界限是什么、专利产品的再制造是否侵犯原产品的专利权、再制造的工艺技术是否侵犯原产品的生产工艺、再制造品应当以原商标还是以再制造厂家的商标投入市场等。此外，再制造产业的专利池构建与技术标准的制定也受到理论界和产业界的关注。可见，再制造产业涉及的知识产权纠纷主要表现为原产品知识产权人的专利、商标、工艺与再制造厂家的利益冲突，而如何促进再制造产业的发展，需要政府及行业协会等制定科学合理的专利池、技术标准及产业发展规划，这些都是我国知识产权战略和再制造产业发展中不容回避的课题。

2.2 文献综述

2.2.1 循环经济背景下再制造产业发展与对策研究

在循环经济背景下，再制造产业发展成为实现资源节约和环境保护的关键途径。众多研究展示了循环经济与再制造产业之间的内在联系，提出了再制造产业发展的模式、策略以及所面临的挑战，能够为推动再制造产业的持续发展提供重要的理论与实践支持。

王朝晖、张向群和李宏宇（2013）指出，再制造产业是循环经济产业化的重要形式，宁波市以汽车零部件再制造为突破口，通过建立汽车生态园区和引进再制造企业，推动制造业和再制造业的协同发展。李智丽（2018）以及徐建中、张金萍和那保国（2009）也强调，再制造是循环经济的高级形式，对于构建资源节约型和环境友好型社会至关重要，而且强调了推动再制造产业发展的三种模式：政府规划、企业联盟和公众参与。

卢晓莉（2018）从循环理论的角度，分析了再制造产业发展的动态变化过程，提出了再制造产业发展模式的研究框架，包括产业发展规律、作用机制和驱动因素以及模式优化。这些研究揭示了再制造产业发展的复杂性和多维性，强调了政策制定、技术创新和行业合作的重要性。

值得注意的是，再制造产业面临的挑战和制约因素也不容忽视。邢静（2015）基于循环经济思想，探讨了制约我国汽车再制造发展的原因，突出了提升再制造产业管理水平和技术能力的重要性。

可见，再制造产业作为循环经济的重要组成部分，在推动资源节约和环保方面发挥着关键作用。通过政府规划、企业联盟和公众参与等模式的推动，再制造产业在技术创新、政策支持和行业合作等方面取得了显著进展。然而，要实现再制造产业的持续健康发展，还需要在技术研发、市场推广、标准制定和法律法规等方面进行更多的努力。未来的研究可以进一步探讨如何优化再制造产业的发展模式，如何有效解决再制造过程中遇到的具体问题，以及如何通过创新驱动推动再制造产业的跨越式发展。

2.2.2 ESG 治理背景下再制造与社会责任的关系研究

企业社会责任（corporate social responsibility，CSR）这一概念最早由

美国学者 Clarck 于 1916 年提出，他认为社会需要"有责任感的经济原则，发展这种原则并将它深植于我们的商业伦理之中"。在当今全球化和环保意识增强的背景下，环境、社会与公司治理的概念成为商业和投资领域的一个热点议题。近年来，越来越多的研究集中探讨 ESG 与再制造、社会责任之间的关系。本部分旨在汇总和分析相关文献，以揭示 ESG 视角下再制造与社会责任之间的互动关系，并评估现有研究的方法和发现。

企业 ESG 体现的是企业经济、环境和社会方面的综合价值，具体包括环境（E）表现、社会（S）表现以及公司治理（G）表现三个维度。其中，环境表现能够反映企业有效地利用最佳环保管理方法，不断提升其在污染防治与资源利用等方面的效率与效果，从而帮助企业获得竞争优势（杨东宁和周长辉，2004）；社会表现着重强调企业在生产运营过程中加强对利益相关方关系的管理，使其能够最大限度地为企业中各利益相关者创造多元综合价值（李伟阳和肖红军，2009）；公司治理表现包括两个方面，即企业内部治理和外部治理，其通过一系列制度安排，对企业与利益相关方之间的关系进行协调，最终维护企业以及各利益相关方的利益（李维安等，2019）。总体而言，企业 ESG 理念既符合创新、协调、绿色、开放、共享的新发展理念，也符合国家加快"双碳"目标落地的战略部署，同时为企业践行低碳转型提供了可量化和可操作的管理模式（周雪峰 等，2024）。

徐滨士（2012）指出，再制造产业是指根据循环经济的要求，以产品全寿命周期理论为指导，以实现废旧产品性能提升为目标，以同类产品的制造为基础，利用再制造技术对由于功能性损坏或技术性淘汰等原因不再使用但蕴含使用价值的产品进行专业化修复或升级改造，使其质量特性不低于原型新品水平的一种产业。

Senadheera 等（2022）通过对 981 篇文章的定量文献计量分析发现，自 2006 年"ESG"一词出现以来，与此相关的出版物数量自 2017 年起几乎每年翻倍，预示着世界对 ESG 概念的重视程度在不断加深。这一点在 Mooneeapen 等（2022）的研究中得到了进一步的印证，他们通过固定效应多元线性回归分析发现，公司的 ESG 表现受到所在国家治理环境的显著影响。

此外，Muhmad 等（2021）从产品市场竞争的角度研究了企业 ESG 表现，发现较高的产品市场竞争与较低的 ESG 表现相关，并指出了较强的公司治理可以减轻产品市场竞争对 ESG 表现的负面影响。这表明公司治理对 ESG 实践的调节作用不容忽视。

然而，Mohamad 等（2020）的研究却表明 ESG 得分与公司财务表现之间存在统计学上的显著负相关关系，这一发现进一步论证了有关 ESG 投资与企业表现关系的长期争论。这种争论也体现在 Suttipun 和 Dechthanabodin（2022）的发现中，他们指出，ESG 委员会与 ESG 表现呈正相关，而高管与 ESG 委员会的双重职位则与 ESG 表现呈负相关，进一步突显了 ESG 实践中企业内部结构的重要性。

Garrido-Merchan 等（2023）使用贝叶斯优化技术优化含 ESG 标准的股票投资组合，为 ESG 投资的研究提供了一个全新视角。这项工作展示了应用高级统计方法来提高负责任投资决策效率的潜力。

在服务业方面，Aksoy 等（2022）的研究揭示了 ESG 度量和报告与客户对社会创新感知之间存在脱节，尤其指出在服务行业中，客户往往将服务与社会创新联系相对较少。这表明服务企业在传达其 ESG 努力绩效方面面临着独特挑战。

一方面，定量方法（如文献计量分析和多元线性回归）为理解 ESG 的趋势和影响提供了有力证据；另一方面，特定行业和国家背景下的案例研究揭示了 ESG 实践的复杂性和多样性。因此，未来的研究需要继续探索 ESG 如何在不同产业和地区环境中影响再制造和社会责任，同时考虑到公司治理、市场竞争和国家治理等多重因素的复合效应。此外，研究方法的进一步创新，如贝叶斯优化等高级统计技术的应用，也是未来可以探索的领域。

可见，再制造产业在 ESG 下也承担着重要的社会责任。一是在环境保护方面，再制造产业通过将废弃物转化为新产品，促进了资源的有效利用和循环经济的发展，同时这也有助于减少对原生资源的需求，降低了能源的消耗。通过再制造，企业可以减少废弃物的产生，并减少对垃圾填埋场和焚烧设施的依赖，从而减轻对环境的负面影响。二是在社会方面，再制造产业提供了大量就业机会，包括技术工人、工程师、销售人员等，从而促进了经济增长和社会稳定。再制造企业可以通过积极参与社区工作，支持当地社会项目从而回馈社会，促进社区发展和提高居民生活质量。三是在公司治理方面，在 ESG 框架下，再制造企业应当保持透明，向利益相关者公开其社会责任政策等，并承担相应的问责制，确保公司行为符合道德和法律要求。同时，再制造企业需要遵守相关法规和行业标准，确保产品和服务的质量、安全和合法性，同时积极倡导和实践道德行为，避免不当行为的产生。

2.2.3　再制造产业的知识产权保护与侵权辨析

在经济全球化环境下，再制造产业的知识产权保护与侵权辨析成为一个日益重要的议题。随着资源节约和环境保护意识增强，再制造产业的发展不仅是循环经济的重要组成部分，也是社会可持续发展的必然要求。然而，在此过程中，知识产权的所有权以及侵权判断问题成为难以回避的挑战。

汪玉璇（2005）指出，产品再制造中知识产权问题的实质是如何协调权利人和使用者、再制造厂家之间的利益，涉及对产品中知识产权权利用尽的分析。产品再制造中知识产权问题涉及的利益链条是：知识产权人—使用者—再制造厂家—环境资源利益。知识产权是私权，但是，知识产权的行使必须要强调公益原则。

再制造产业作为一种新兴产业，其涉及的法律问题也随之出现。刘嫣然等（2018）在其研究中表示，对于再制造产品知识产权在原制造商与第三方制造商之间的归属权问题引起很多专家学者的关注。例如，在美国墨盒打印机案中，Repeat-O-Type 公司购买惠普公司生产和销售的一次性墨盒并将其改造为可以重新灌装的墨盒销售。惠普公司认为 Repeat-O-Type 公司侵犯了其专利权，但联邦巡回法院认定 Repeat-O-Type 公司并没有构成对惠普公司的侵权。而在日本打印机墨盒案中，日本公司 RecycleAssist 收集使用过的佳能公司生产的 BCI-3e 系列喷墨墨盒，并再次填充墨粉制成再生墨盒销售。佳能公司认为 RecycleAssist 公司侵犯了其专利权，日本最高法院也认定 RecycleAssist 公司构成对佳能公司的侵权。基本相同的案件出现截然相反的判决，其背后隐含的是国际上再制造产业知识产权法律制度不完善、思路不清晰，特别是原制造商和第三方制造商（以下简称"再制造商"）之间的知识产权关系问题。

关于再制造商的再制造行为是否侵权的法律研究。周永新（2014）、石必胜、吴广海（2017）等都指出，按照权利用尽原则，对产品进行维修是合法的，再制造就违反专利法，但由于产品维修与再制造的标准界定不清楚，侵权与否的判定困难重重。而且在调查过程中发现，现有的再制造商大都不重视其使用的废弃物中所包含的知识产权。关于原制造商和再制造商之间利益关系问题的研究。Rashid（2013）指出，现在的再制造市场份额大部分被再制造商控制，再制造产业发展缓慢的主要原因是原制造商未能充分参与到再制造产业发展中来，在专利保护背景下再制造商的进入有利于原制造商的利润增加，但再制造商时刻面临着原制造商的威胁，因为原制造商会通过游说立法部门、主张分享收益等形式阻止再制造商进入。熊中楷（2011）研究了专利保护下再制造闭环供应链间利益协调机制，提出了第三方回收再制造的收益分享与费用分担契约协调机制，研究发现如果原制造商是 Stackelberg 博弈的领导者，则在一定承诺下，费率合同可以使原制造商实现利润最大化。

Cheng 和 Jia（2013）对再制造产业中的专利权和争议进行了分析与回顾，指出了再制造与修复之间的关系，并针对当前法律和法规的不足提出了改进建议。这为我们理解再制造产业中知识产权保护的复杂性提供了基础。鉴于国际贸易中常见的知识产权侵犯问题，Brander 和 Spencer（2023）探讨了通过国际贸易委员会（ITC）或法院来保护专利不受侵害的机制，为国际层面的知识产权侵权提供了研究视角。

在探讨如何应对知识产权侵权时，Zhao 和 Huang（2006）研究了跨国公司在中国的工业设计权保护策略，这对理解企业如何保护自己的设计创新具有启示意义。与此同时，Xu（2017）对现行知识产权法中的侵权停止措施及改进提出了具体对策，旨在提高法律实施的有效性。从战略性新兴产业的角度，Xian 和 Xu（2013）讨论了知识产权协同保护机制的成就条件，为中国知识产权保护机制的构建提供了理论参考。

此外，Tenaglia 和 Ventura（2012）强调了影响侵权者造成的单位损害价值的政策比减少侵权频率的政策更有效，表明在知识产权保护政策上，应更重视质的而非量的变化。Giannakas（2002）通过构建经济模型，探讨了知识产权侵权的经济原因及其对经济福利的影响，为理解知识产权侵权的经济后果提供了重要视角。

在讨论国家参与工业间谍活动和知识产权侵权的情景中，Kim（2020）的研究突显了国家在跨国知识产权保护中的复杂角色。He 和 Qiao（2018）关注了大数据领域的知识产权风险与保护机制，强调在数据驱动的时代，知识产权保护需跟上技术发展的步伐。

可见，知识产权保护与侵权辨析是一个多维度、跨领域的复杂问题。

从再制造产业到国际贸易，从工业设计到大数据技术，每一项研究都从不同角度对知识产权保护和侵权进行了探讨。关于再制造行为是否侵权的法律问题和协调机制已有一定的研究，但对于再制造商的再制造行为是否侵权缺少经济性评价，对于原制造商和再制造商之间的知识产权关系也缺少系统性研究。这些研究不仅展示了知识产权保护的重要性，也反映了在全球化和技术快速发展的背景下面对知识产权挑战时所需的多元化策略和综合性解决方案。

2.2.4 专利保护背景下再制造产业的供应链优化与协调

在专利完善市场，受专利保护的原制造商享有产品再制造的专有权利，只有获得原制造商的专利许可，第三方再制造商才能进行旧产品的回收再制造。在新产品与再制造品竞争的研究中，许多学者主要对产品再制造过程中的产品定价、回收产品定价等方面进行了探讨。在面对专利保护挑战时，再制造产业的供应链优化与协调显得尤为重要。本部分旨在探讨在专利保护背景下再制造产业供应链的策略与机制。

Majumder 和 Groenevelt（2007）考虑了再制造产品可替代初始新产品，原制造商和第三方再制造商在竞争情况下的最优定价策略。Mitra 和 Webster（2013）采用两阶段模型研究了制造商和再制造商竞争的框架下，政府回收立法或政府给予补贴两种情形下对再制造活动的影响。Ferrer 和 Swaminathan（2008）建立了新产品和再制造产品的两周期和多周期定价模型，研究了单寡头垄断情形下制造商新产品和再制造产品定价策略，以及第三方进行再制造情形下的制造商的新产品和再制造产品定价策略。在此基础上，Ferguson 和 Toktay（2009）引入了回收函数，分别研究了异质性消费群体下、制造商差异化定价和在第三方进入再制造情形下的制造商的新产品和再制造产品定价策略。Atasu 和 Sarvery（2009）等则假设市场需求中存在对再制造品的估价低于新产品的"绿色消费者"，研究了制造商是否提供再制造品的决策问题，指出再制造不仅可以提高收益，还可以降低成本。国内的学者顾巧论等（2004）利用博弈理论研究了闭环供应链下的新产品与再制造品的最优定价问题。王文宾和达庆利（2010）则通过对新产品和再制造品的市场细分，研究了零售商和第三方回收下的闭环供应链定价问题。

熊中楷等（2011）针对专利保护下的再制造闭环供应链协调机制展开

研究，提出通过建立受专利保护的原制造商对第三方再制造的许可模型，并利用博弈理论探讨最优决策策略。这一研究着眼于填补再制造知识产权保护在管理研究上的空白，同时真正考虑到实际运作中的收益分享与费用分担机制。熊中楷等（2012）进一步分析了原制造商采取的不同再制造策略对闭环供应链的影响，展现了在成本节省足够多时原制造商倾向于许可第三方进行再制造。

程伟丽（2017）则将研究视角扩展到了专利保护下考虑碳交易的再制造供应链定价问题。通过构建新品和再制造品的碳足迹、销售价格、再制造供应链利润函数模型，探讨了定价契约对再制造供应链系统协调的作用，旨在增加整个供应链的利润。这一研究突出了环保因素与经济效益的平衡，以及协调机制在实现可持续发展目标中的重要性。

王建明（2013）探讨了专利保护下再制造闭环供应链差别定价与协调问题。通过构建差别定价模型和利用博弈理论，分析了再制造率和专利许可费用对废旧产品回收价格和回收量的影响，提示了消费者对再制造品接受程度对于供应链系统各方最优定价策略及利润的影响。

另外，申成然等（2015）通过比较原制造商自身再制造和许可经销商进行再制造两种模式，揭示了成本节约是再制造活动中最直接的驱动因素。这一发现进一步印证了在特定条件下，选择合适的再制造模式对于原制造商的重要性。

同时，申成然等（2013）考虑到政府补贴的角色，分析了在专利保护与政府补贴背景下再制造闭路供应链的决策和协调，为政策制定和实际运作提供了参考。

胡培等（2012）从再制造市场竞争的角度探讨了第三方再制造商入市对原制造商利润的积极影响，为制造商选择最优再制造模式提供了新视角。

王小健和杨志林（2015）、朱宾欣等（2018）则分别从差别定价和技术创新策略的角度，进一步丰富了专利保护下再制造闭环供应链的研究框架，揭示了技术创新水平与再制造节约成本及消费者对再制品估值程度的正相关性，同时指出了专利保护在技术创新方面可能形成的限制。

这些研究从不同角度探索了专利保护下再制造产业供应链优化与协调的问题，并提出了各种协调机制和策略以提高供应链效率和再制造产业的可持续性。然而，这些研究方法主要集中在理论模型和博弈论分析上，忽略了第三方进入再制造业所存在的专利许可及知识产权保护问题，未来研究可以考虑引入更多实证研究和案例分析，以提供更具体化的实施建议和操作细节。此外，考虑到环境保护和社会责任在当前经济环境中的重要性，再制造供应链的研究也应更多地关注环境保护和社会福利的最大化问题。

3 我国再制造产业的发展态势与国际分析

再制造产业是一种以循环经济和绿色发展理念为基础的产业，注重资源的高效利用和环境保护。随着全球环保意识的不断增强，再制造产业的发展越来越受到重视。再制造企业通过高技术和高质量的再制造过程，能够将失效的零部件恢复到接近新产品的性能，并大幅度延长其使用寿命，从而实现资源的循环利用。目前，再制造产业已经成为许多国家的重要产业之一，具有广阔的市场前景和发展空间。与传统的制造产业相比，再制造产业具有更高的附加值和更低的资源消耗，能够带来更大的经济效益和社会效益。国家之间再制造产业的发展水平存在着明显的差异。一些发达国家已经形成了较为完善的再制造产业体系，而发展中国家则处于起步阶段。因此，各发展中国家需要加强国际合作和交流，借鉴发达国家再再制造产业的经验和做法，探索适合本国国情的再制造产业发展模式。

3.1 我国再制造产业的发展态势

我国再制造产业在 20 多年的发展过程中通过顶层设计、统筹布局，政策法规不断完善，规模不断壮大，技术研发不断取得突破，从技术论证、理论探索、政策制定逐步完成向技术创新、理论完善、政策体系化的转变。

3.1.1 我国再制造产业的发展历史回顾

3.1.1.1 萌芽阶段
我国再制造产业的萌芽阶段始于 20 世纪 90 年代初，一些中外合资的再制造企业相继创立，开展发动机相关的再制造活动。1999 年，徐滨士院士在国内首次提出"再制造"概念引起了国家自然科学基金委员会的高度重视，并将再制造工程技术列为国家自然科学基金机械学科发展前沿与优先发展领域，标志着再制造技术的研究受到国家的重视和认可。2005 年，国务院发布的《国务院关于加快发展循环经济的若干意见》中提出，支持废旧机电产品再制造，加快绿色再制造技术的开发。这一阶段主要实现了再制造技术论证和理论探索，初步制定了再制造相关的政策措施。

3.1.1.2　起步阶段

2006 年，《中华人民共和国国民经济和社会发展第十一个五年规划纲要》（简称"十一五"规划）发布，"再制造"首次被写入五年规划纲要，标志着再制造正式成为我国国民经济和社会发展的重要支撑力量，为我国再制造产业的起步打下了良好的基础。2009 年，《中华人民共和国循环经济促进法》正式生效，其中第四十条明文规定，国家支持企业开展机动车零部件、工程机械、机床等产品的再制造和轮胎翻新，标志着我国从法律层面支持再制造产业发展。同时组织开展汽车零部件和机械产品的再制造试点工作，推动了我国再制造产业的集聚化、规模化发展。

3.1.1.3　推进阶段

2010 年，国家发展改革委联合科技部、工信部等十部门发布《关于推进再制造产业发展的意见》，明确了再制造产业发展的指导思想和基本原则，指出了重点发展领域和关键技术创新方向，对我国再制造产业发展进行全面细致的统筹规划。同年 10 月，国务院发布《国务院关于加快培育和发展战略性新兴产业的决定》，提出提高资源综合利用水平和再制造产业化水平。随后发布《中国制造 2025》《"十四五"循环经济发展规划》等一系列政策，进一步加快了我国再制造产业高质量发展的步伐。

3.1.2　我国再制造产业的发展现状与未来展望

3.1.2.1　我国再制造产业的发展现状

我国再制造产业发展坚持以国家政策为牵引、以重点领域和重点企业为支点、以高质量发展为目标的具有中国特色的再制造产业发展路线，并逐步形成了落实法治化、规范化发展，推进规模化、市场化建设，鼓励高端化、智能化探索的发展战略。

在落实法治化、规范化发展方面，通过《中华人民共和国循环经济促进法》《汽车零部件再制造规范管理暂行办法》等法律法规，从旧件回收管理、再制造生产管理、再制造产品管理、再制造市场管理以及监督管理等方面对我国再制造市场提出了相应的指导准则，并对再制造企业的质量管理、生产过程、技术装备、环保设备等方面提出了规范性要求。

在推进规模化、市场化建设方面，通过重点扶持建设再制造产业集聚区和设立再制造试点企业的发展模式，凝聚力量建设了一批再制造产业的开拓者和引领者。另外，《"十四五"循环经济发展规划》倡导在自贸试验区支持探索开展航空、数控机床、通信设备等保税维修和再制造复出口业务，培育再制造产业的新业态新模式，对探索我国再制造产业发展路径起到了积极推动作用。

在鼓励高端化、智能化探索方面，积极推进再制造相关产业政策的研究制定，探索建立有效的智能再制造行业政策管理机制。《高端智能再制造行动计划（2018—2020年）》明确了以再制造全产业链建设为核心，以信息化、互联网技术应用为突破，全面构建高端智能再制造技术、管理和服务体系的发展战略。

3.1.2.2 未来展望

当前，我国再制造行业正处于初步发展阶段。为了满足资源节约和环境保护的需求，应对资源短缺的挑战，再制造行业因其节能和环保特性，得到了国家政策和法规的积极支持。

在机床再制造领域，中国长期占据全球最大的机床消费和进口市场。尽管在技术密集型的金属切削机床领域，我国的产量自2019年以来有所下降，降至41.6万台，但随着这一趋势的持续，旧机床的再制造市场有望迎来快速发展，机床制造企业也将更加注重再制造技术的研究与开发。

在工程机械再制造方面，随着基础设施建设的推动，工程机械的市场需求预计将在未来一段时间内继续增长，这将导致二氧化碳排放量的增加。作为内燃机产品使用量第二大的行业，工程机械的排放密度高于汽车，对环境的影响更为显著。因此，我国工程机械行业正朝着低碳经济转型，企业对再制造领域的投资也日益增加。

至于汽车零部件再制造，根据商务部的数据，2014—2019年，我国报废汽车的回收量呈现上升趋势。2019年，通过正规渠道回收的报废汽车数量达到195万辆，同比增长了16.8%，但报废率仍低于20%。我国汽车生产销售量连续多年居全球首位，汽车保有量的持续增加促进了汽车零部件行业和汽车售后市场规模的快速扩大。2020 年，全国汽车售后市场规模达1.6 万亿元，其中售后维修市场规模为 6 770 亿元。2022 年中国汽车后市场整体规模为 6.3 万亿元，2023 年汽车后市场市场规模为 6.9 万亿元。从国际发展规律看，再制造零部件在售后维修市场占据重要地位，欧美等国再制造产品在汽车售后市场的占比均超过 70%，我国汽车零部件再制造产业发展空间巨大。

目前，我国再制造产业已经形成了较为完善的产业链，包括回收、检测、修复、销售等环节，同时也注重技术创新和知识产权保护。我国再制造企业通过引进国际先进技术，不断加强自主研发和创新，提高再制造技术水平。此外，我国政府也在积极推动再制造产业的应用和发展，将再制造技术应用于汽车、机械、电子产品等领域，并逐步推广到其他行业。未来，我国再制造产业有望继续保持快速发展，成为制造业领域的重要力量之一。

3.2 再制造产业发展的国际分析

虽然全球范围内再制造都属于建设循环经济不可或缺的一环，但由于各国工业化发展需求不尽相同，技术路线也各有特色，因此再制造的产业侧重以及发展战略也有所差别。目前，全球再制造产业发展领先、具有一定产值规模的国家主要是美国、欧洲和亚洲一些国家。

3.2.1 美国再制造产业发展分析

美国对再制造的探索始于 20 世纪 40 年代。第二次世界大战期间由于原材料和能源短缺，美国企业对再制造的热情达到了新的高度，并成立了汽车零部件再制造协会等再制造组织。美国是再制造产业的重要发源地之一，拥有丰富的再制造经验和成熟的再制造技术。美国学者 LundRobertT. 于 20 世纪 80 年代在综合资源回收项目报告中首次提出"再制造"理念，即通过拆解、清洗、修复或换件、测试组装等一系列工业流程将失效或报废产品恢复到不低于新品性能的水平。进入 20 世纪 90 年代，美国再制造领域的研发投入加入，产业发展进一步加速，不仅建立了国家再制造与资源恢复中心等科研机构，还成立了再制造工业委员会等产业协会，积极推广再制造产品、制定行业规范。2016年，美国国家标准学联合再制造工业委员会批准通过了《再制造流程技术标准》，为美国再制造产业规范化发展提供了指南和依据。2017年，美国国际开发署启动了"扩大可再生能源规模"项目，提出应将再制造作为促进循环经济建设的新型有效商业模式。美国国家环境保护局于2019年11月和2021年11月先后出台了《推进美国回收系统国家框架》和《国家回收战略》，提出以再制造技术为资源回收利用的主要手段，通过再制造推进美国循环经济建设。

美国政府对再制造产业的干预较小，原因主要是美国再制造产业起步早，再制造行业的商会、工业协会在长期发展过程中逐渐形成了明确的产品标准和商业约束，有效地指引相关再制造企业发展，构建了完善的商业体系以及稳定的闭环发展模式。据美国国际贸易委员会统计，2009—2011年，美国再制造产品数量增加了15%，产品总值达到430亿美元，再制造产品的出口额也从2009年的75亿美元增长到2011年的117亿美元。再制造产业为美国提供了18万个工作岗位并支撑了5 000多家中小型再制造企业。其中，汽车零部件、航天航空和工程机械等领域占美国再制造产值的2/3以上。至2017年，美国再制造产业估值达1 000亿美元，再制造已深入工程机械、电子电器设备、汽车零部件、航天航空、医疗器械、办公设备、餐饮用具、重型设备以及旧轮胎等十多个领域，产业规模稳居全球之首。

美国再制造产业的发展得益于其先进的制造业基础。在美国，再制造产业已经成为许多州的重要产业之一，具有广阔的市场前景和发展空间。一些大型再制造企业已经成为行业领导者，具有较高的市场份额和品牌知名度。同时，许多小型再制造企业也不断发展壮大，逐渐成为行业的重要组成部分。

尽管美国再制造产业历史悠久，其在发展过程中遇到了诸多问题，但主要依靠市场进行调节，并不断依据需求进行推动。值得一提的是，美国有很多再制造协会，这些协会在再制造产业的发展过程中起到了十分重要的作用，为企业服务提供产品信息、促进技术交流的同时，也积极向政府游说，争取产业发展机会。此外，美国社会对再制造的认知程度以及在知识产权等法规方面的完善，也是其再制造产业得以蓬勃发展的关键基础。

3.2.2　欧洲国家再制造产业发展分析

在大力推崇绿色经济、低碳生活的背景下，欧洲各国也较早地开始了再制造产业的发展规划，相关政策制度也相对完善。以汽车行业为例，2000年，欧盟通过了《报废车辆指令》，鼓励报废汽车零部件的再利用，对报废车辆建立成套的回收循环利用体系，要求至2006年，报废汽车中的材料回收率达到80%。2003年，欧盟出台《报废电子电器设备指令》并于2012年进行了修改和完善。《报废电子电器设备指令》鼓励欧盟成员国对报废电子电器产品进行回收与再利用，并对相关废品利用、再循环和再使用制定了指导政策和标准。2018年，欧盟对原《废弃物指令》进行了修订，在新增条例中明确指出要大力提倡对再制造产品的使用，鼓励对再制造技术的研究和创新。据统计，2015年，以德国、法国、意大利以及英国为代表的欧洲四国占整个欧洲再制造产业产值的近七成。在欧盟"地平线2020"计划的推动下，欧盟成立了再制造网络和欧洲再制造委员会，分析了地区再制造发展所面临的挑战与机遇，并为产业发展制定了一系列发展路线。至2015年，欧盟国家在航天航空、汽车零部件、电子电器设备、办公设备、工程机械、医疗器械、船舶以及铁路交通等领域的再制造总值达300亿欧元，建立了7 200家企业，从业人员达19万人。

在欧洲地区，德国、法国和意大利等国家的再制造行业已经发展得相当完善，它们在市场上拥有显著的份额和广为人知的品牌影响力。众多领先的工业企业在这些国家已经开始涉足再制造业务，如知名的大众、宝马和梅塞德斯等汽车公司，在大约十年前就设立了专门的汽车拆解与测试中心。德国在汽车再制造领域取得了显著成就，实现了至少90%的汽车零部件的再利用或环保处理。宝马集团不仅构建了遍布全国的回收利用连锁店网络，而且通过实际操作证明了汽车回收业务的高效性。在法国，标致·雪铁龙集团联合其他企业在里昂周边创办了汽车循环再生工厂，雷诺集团也与法国废金属公司合作，在阿蒂蒙建立了报废汽车回收站。法国通过这些举措，已经将汽车回收率从过去的80%提升至95%。

欧洲各国在不断探索适合本国国情的再制造产业发展模式，使得其再制造产业具有较为成熟的技术和丰富的经验，其发展态势也呈现出良好的趋势。

3.2.3 亚洲国家再制造产业发展分析

3.2.3.1 日本再制造产业

受资源和地理环境的限制，日本对废物处理有着严格的规定，同时也是最早着手建设循环社会、实行节能减排政策、实施再制造的亚洲国家之一。日本的再制造产业一直保持着良好的发展势头，从 20 世纪 80 年代的机床和汽车零部件到近年的工程机械、电子电器设备、办公设备再制造，日本已有 200 多家成规模的再制造企业。2012 年，日本再制造产业产值已达 5 000 亿日元，其中汽车零部件再制造产值达 1 090 亿日元，再制造的转换器和起动器在市场上的占比达到 50%。另外，其复印机、墨盒等再制造办公产品也占有较高的市场份额。2013 年，日本公布《第三次循环型社会形成推进基本计划》，制定了打造高质量综合性的低碳循环型社会的发展目标。2018 年，日本发布的《第四次循环型社会形成推进基本计划》明确表示，在打造高质量综合性低碳循环型社会的基础上强化再制造产业在回收和资源再生领域中的作用，并将再制造技术作为日本循环型社会中长期建设的关键技术之一。

自 1995 年起，日本政府针对报废汽车的环境问题，陆续制定并颁布了众多法规，旨在规范汽车废弃物的处理。此外，日本政府实施了严格的准入制度，对希望进入汽车再制造行业的企业进行筛选和许可。2000 年，日本提出了构建"循环型社会"的理念，旨在推动资源的全面节约和环境保护工作。在对"丰岛"事件进行反思之后，日本政府在 2002 年 7 月 5 日实施了"关于报废汽车再资源化法律"（汽车循环利用法），这是世界上首个全面针对汽车产业的回收法规。该法律强化了对废旧汽车回收行业的监管，规范了废弃物的处理和填埋，并通过设立基金对参与报废汽车回收处理的企业给予经济支持和环保补贴。日本在汽车再制造行业的法律政策方面一直处于领先地位，推动了报废汽车回收处理行业的成熟和规范化发展。

日本还从环保的角度出发，建立了 3R 体系（Reduce 减量化、Reuse 再利用、Recycle 再循环），并发展了一套完善的再制造技术标准和法规体系。日本的再制造产业规模不断扩大，特别是在民用领域，再制造品已经深入人心，成为环保的象征。工程机械的再制造品主要服务于国内市场，对日本节约资源和环境保护具有重要意义。

3.2.3.2 马来西亚再制造产业

马来西亚的再制造产业主要集中在航天航空、汽车零部件、电子电器设备等领域。截至 2015 年，马来西亚的再制造产业总产值达 10 亿美元，每年可减少 3.7 万吨的废物处置量，以及 6.2 万吨的二氧化碳排放量。《再制造路线图》是马来西亚政府发布的首部机动车再制造具体指导文件，内容涵盖再制造定义、关键共性技术应用、从业人员技术培训、产品检验流程以及再制造商品交易规范等，它根据马来西亚汽车再制造行业发展现状、供应链关系、消费者意愿以及地方政策对当地汽车零部件再制造行业的结构框架和重点发展方向进行了全方位梳理与规划，为推进马来西亚再制造产业发展提供了宝贵的指导意见，加快了将马来西亚建设成东南亚地区汽车再制造中心的进程。在"第十一个马来西亚计划"指导下，马来西亚国际贸易和工业部于2019年发布了《国家再制造政策》，极大促进了马来西亚再制造业发展。从《国家再制造政策》发布到2030年，马来西亚国内再制造产业产值将达到180亿马币，提供1.1万个工作岗位，并将汽车零部件、航天航空、电子电器设备、船舶海运、机床及工程机械行业的再制造发展纳入政府重点扶持项目。

马来西亚的再制造业是该国经济的重要支柱之一，近年来一直保持增长趋势。尽管相关数据显示2023年上半年面临一些下行压力，但整体上再制造业仍然是马来西亚经济增长的主要动力。马来西亚拥有较强的高素质劳动力、友好的营商环境、完善的基础设施以及战略性的地理位置，这些因素都为再制造业包括再制造产业的发展提供了有利条件。马来西亚政府通过马来西亚投资发展局等机构，积极推动制造业和服务业领域的国内外投资，提供了一系列优惠政策，如新兴工业地位奖励优惠和特别搬迁奖励，以吸引更多投资者，这些政策同样适用于再制造产业，有助于推动其发展。

此外，马来西亚的工业园区、自由区和科技园区等经济特区为企业提供了发展和扩展的平台，这些区域的优惠政策和完善的基础设施对再制造企业同样具有吸引力。普华永道在一份研究报告中指出，马来西亚的制造业是外商直接投资的主要行业之一，并且随着共建"一带一路"倡议的实施，来自中国的投资显著增加，这可能也包括对再制造产业的投资。可以预见，随着马来西亚制造业的整体发展以及政府对制造业投资的鼓励，再制造产业在马来西亚有望获得进一步的发展机遇。

3.2.3.3 韩国再制造产业

韩国的再制造产业主要集中在汽车零部件、墨盒等领域。2010年，韩国再制造产业产值为6亿美元，2015年上升至7亿美元，5年总增幅达16%。其中，80%源于汽车零部件再制造，17%源于墨盒再制造，然而再制造企业数量和产业从业人数却分别下降了 26% 和 33%。至 2017 年，韩国再制造产业产值突破 9 亿美元，相比 2015 年增幅高达 30%，且在工程机械、建筑器材、电子电器设备等领域实现了突破，其中汽车零部件再制造产值为 7.16 亿美元，墨盒再制造产值为 1.1 亿美元，建筑器材再制造产值为 7 000 万美元。

韩国再制造也涉及建筑器材、重型机械、电子电器设备、医疗设备等产品，虽然市场份额相对较小，但韩国半导体产业优势领域的再制造趋势明显。2021 年 5 月，韩国有关部门对外宣布，ASML 计划在韩国建设光刻设备再制造工厂及设备操作工程师培训中心，新厂预计在 2025 年建设完成。ASML 在韩国建厂，相当于把老旧设备都翻新了，生产技术也升级了。这样可以应对更新产品的生产制造。设备都来自原厂，升级、再制造之后设备还是返回给原厂，所以在韩国建设再制造厂更加方便。本次 ASML 在韩国建再制造厂的主要目标是进行系统零部件的维修和 EUV collector（收集器）的清洗。公开信息显示，ASML 拟在韩国投资 2 400 亿韩元（约合 13.7 亿元人民币），于京畿道华城市打造一座再制造厂以及一家培训中心，由京畿道政府对阿斯麦在当地的授权、扩张业务提供协助。该再制造厂的主要功能是进行系统零部件的维修和 EUV collector 的清洗。

韩国及东南亚地区是再制造的新兴前沿阵地，其再制造不仅涉及汽车零部件、办公用品等传统行业，还在航天航空、光刻机等高端装备领域有所突破。然而，受制于韩国和东南亚地区的产业结构，再制造的发展存在较大的局限性。ASML 在韩国建立再制造厂有助于三星和 SK 海力士这两家企业继续稳固行业龙头地位，帮助其提高产能的利用率和市场占有率，也有利于韩国存储产业乃至整个半导体产业的发展。未来随着该地区经济和工业实力的进一步提升，再制造产业或将释放更大潜能。

4 再制造产业知识产权侵权类型与典型案例研究

上一章从宏观视角分析了再制造产业的发展态势并进行了国际比较，本章从微观角度对再制造产业知识产权侵权类型与典型案例进行分析研究。其中，典型案例分析部分包括美国、日本、德国以及我国的有关专利产品再制造侵权案例。我国对专利产品再制造侵权案件处理相对较少，因此在判断标准上还是依据专利法中的相关规则或原则，如专利权用尽原则或全面覆盖原则等。随着再制造业的发展，知识产权与再制造产品之间会出现摩擦或冲突，因此，我国在借鉴外国相关案件处理经验的同时也要完善专利法中的相关规定。

4.1 侵权类型

再制造产品中包含的知识产权有专利权、商标权、著作权和商业秘密。再制造产品的价值由以下几部分组成：原材料费用、制造加工费用、销售渠道费用、广告费用和研发设计费用。其中，研发设计费用中就包括专利权的申请、维持、许可等相关费用，而广告费用和销售渠道费用构成商标价值的一部分，产品的加工过程中包含商业秘密，而产品的说明书含有著作权。

4.1.1 再制造技术与专利侵权

专利侵权是指未经专利权人的许可，他人在专利权有效期内对专利权保护的发明或创新进行制造、使用、销售、进口或许可给他人使用等行为。这包括直接复制专利产品或方法，或者在未经授权的情况下开发类似的产品或方法，从而侵犯了专利持有人的专利权益。再制造产业的核心是对废旧产品进行拆解、修复、重新组装，使其恢复或提升原有的功能和性能。这一过程中，再制造企业可能会涉及原产品的专利技术。由于专利权的独占性和排他性，再制造企业在未经专利权人许可的情况下，使用或参考这些专利技术，就可能构成专利侵权。原制造商一般是原产品知识产权权利人或已获得知识产权授权的许可使用人。再制造商是再制造产业知识产权运用的重要主体。再制造产品必然会侵占原生产品的市场份额，损害原制造商的利益。所以，原制造商会积极主张自己的知识产权权利，将再制造商对废弃物的再利用视为侵犯自己知识产权的行为。在知识产权视角下，原制造商和再制造商是直接的利益冲突方。

专利权侵权主要包括三种类型。一是直接侵权：未经专利权人许可，直接使用其专利的行为。二是间接侵权：虽未直接使用专利，但故意提供或诱导他人实施专利侵权的行为。三是假冒专利：在产品或包装上标注虚假专利标记或专利号，误导消费者。常见的专利权侵权形式主要包括以下四种。一是未经许可的复制：再制造企业未经专利权人许可，擅自复制原产品的设计、工艺或技术，用于再制造过程。二是技术剽窃：再制造企业通过非法手段获取他人的专利技术，并在再制造过程中使用。三是仿制与假冒：再制造企业生产仿制产品或假冒产品。四是未经授权的改进：再制造企业对原产品进行未经授权的改进。

对专利产品实施再制造，原产品中所含专利的影响不容忽视，因此再制造工程涉及诸多专利法问题。例如，张铜柱等指出："随着汽车零部件再制造产业的发展，原产品制造商与再制造商的利益冲突和知识产权冲突问题逐渐显现。需要明确再制造中的知识产权保护原则，平衡各方的利益，才能鼓励创新，保护知识产权人的利益，为高效发展汽车再制造产业提供政策与制度保障。"John 和 Robert（2012）针对专利产品再制造的问题，指出："再制造涉及的专利侵权问题正处于一个高速爆发期，专利产品再制造实践中判例法将继续发展并变得更加普遍，再制造企业要为翻新产品在专利领域的问题寻求法律意见。"此外，再制造产业中涉及再制造的工艺方法、相关生产设备也可能是有价值的专利。石光雨（2011）指出："我国学界缺乏对修理和再制造相关知识产权问题的深入研究，法务界也没有相关的判例，对于该问题法律和司法解释还存在许多不完善的地方。"近年来，专利产品再制造的侵权问题和相关的判例受到学界的关注，但大多从专利法的角度呼吁政府和企业重视知识产权问题保护。然而，专利产品再制造也涉及更多产业规划和企业管理问题，专利产品在其再制造生产经营过程中对原产品（权利人）中所含专利的影响，是发展循环经济与实施知识产权战略需要关注的问题。

4.1.2 再制造品与商标假冒

商标侵权是指在商业活动中，未经授权或许可，对受法律保护的商标进行使用、复制、销售或传播的行为。商标侵权的形式主要包括假冒商标、仿冒商标、侵犯商标专用权等，包括以下四种情况：一是未经授权使用商标。在再制造产品上使用未经授权的商标，可能会误导消费者，损害正当商标持有人的商誉和利益。二是制造假冒产品。制造假冒的再制造产品并在其上使用受保护的商标，企图让消费者误以为产品是正版产品，从而实施商标侵权。三是销售假冒产品。将假冒的再制造产品以受保护的商标销售，使消费者误以为购买的是正版产品，同样构成商标侵权。四是误导性使用商标。虽然再制造产品并非假冒产品，但在使用商标时可能会造成误导，使消费者误认为产品具有某种特定质量、来源或背景。在再制造产业中，商标侵权问题往往表现为未经商标权人许可，擅自使用、复制、销售带有原商标标识的产品，或者制造、销售与原商标相似或混淆的产品，导致消费者混淆和误认。再制造的商品与原始商品的生产者不同、生产工艺不同、品质不同、产品质量责任的承担者不同，因而必须标以不同的商标，否则就侵犯了原制造商的商标权，并且构成了对消费者的欺诈。

如果再制造厂家使用原产品的商标并投放市场进行销售，显而易见再制造厂家侵犯了原制造商的商标权。因为再制造厂家的核心部件的原材料虽然来自原产品（再制造厂家从回收渠道采购原产品废旧零部件），但是再制造商品大部分零部件经过再制造厂家自己的检测、加工、装配、测试等工序，产品的品质、性能、参数等已与原产品大相径庭，从商标标明的厂家来源来说，当然与原产品不同。假如再制造厂家以原制造商的商标出售再制造商品，按照《中华人民共和国商标法》（以下简称《商标法》）的规定，显然侵犯了原制造商的商标权，会构成对消费者的欺诈行为。按照《商标法》的规定，再制造商品需要标以与原产品不同的商标，因为再制造商从事的再制造生产活动可视为对报废原始商品的加工，有必要标以再制造商自己的商标，而不能标示原制造商的商标。

再制造品标示再制造商自己的商标会不会构成反向假冒，是另一个需要讨论的问题。商标法禁止的反向假冒，指的是未经任何加工，仅仅更换商标标志的行为，如将所购服装鞋帽更换商标后出售。笔者认为，按照《商标法》的规定，再制造商标示自己的商标是完全合法的行为，因为再制造品进入市场前并非简单地更换原产品的商标，而是对废旧产品实施了拆解、修复、组装、检测等一系列的复杂的再制造加工生产过程，因此再制造商不涉嫌反向假冒。

商标权是品牌所有者的独占权利，代表着品牌在市场中的身份和独特性。在再制造产业中，商标权的重要性不容忽视。对于原制造商而言，商标是其产品区别于竞争对手的重要标识，具有极高的商业价值和知识产权价值。而对于再制造商来说，正确处理与原制造商的商标关系，不仅关乎企业的法律合规性，更直接影响到企业的市场声誉和竞争力。再制造产业的核心在于对废旧产品的回收、拆解、修复和再利用，在这一过程中，再制造企业可能会使用到原制造商的商标，尤其是在产品修复和再利用的环节。这就可能引发商标权的冲突。一方面，再制造企业可能面临原制造商的商标侵权指控，因为未经授权使用商标可能被视为侵犯了原制造商的知识产权；另一方面，如果再制造企业未能妥善处理商标使用问题，可能会误导消费者，损害原制造商的品牌形象。

4.1.3 著作权及其他知识产权侵权

著作权是指作者对其创作的文学、艺术和科学作品享有的专有权利。著作权法律制度是保护创作者权益、鼓励创新、推动知识传播的重要法律保障。根据《中华人民共和国著作权法》的规定，著作权人对其作品享有复制权、发行权、租赁权、展览权、表演权、放映权、广播权、信息网络传播权、摄制权、改编权、翻译权和汇编权等权益。在再制造过程中，涉及的主要著作权问题包括废旧产品的复制、传播、商业利用等。对于原制造商而言，其产品的设计、技术文档等往往具有著作权，再制造企业在回收、拆解、修复过程中，可能会涉及这些著作权的使用。同时，再制造企业也可能在修复、升级过程中创造出新的作品，如改进后的设计方案、维修手册等，这些作品同样受到著作权的保护。常见的著作权侵权形式有四种。一是复制：未经原作品作者许可，擅自复制其设计、图纸等作品，用于再制造过程。二是传播：未经授权，将原作品通过网络、展会等途径传播给第三方，导致作品被非法使用。三是商业利用：利用复制或改编的原作品进行商业生产或销售，获取不当利益。四是改编：对原作品进行修改或加工，生成新的再制造产品，而未获得原作者许可。

专有技术侵权是指未经许可，擅自使用、复制、披露或转让他人专有的技术信息或秘密，从而侵犯了原创者或合法拥有者的权益。专有技术，也称为技术秘密或专有知识，是指未公开、未申请专利但具有实用价值的非专利技术。它具有高度的机密性和实用性，是企业在竞争中保持优势的重要资产。在再制造产业中，专有技术的作用尤为突出。例如，废旧产品的拆解、修复和升级等技术，都需要专有技术的支持。这些技术不仅提高了再制造产品的质量和性能，还降低了成本、提高了效率。专有技术侵权的常见形式有三种：一是未经授权使用：未经许可，直接使用或复制他人的专有技术，包括但不限于专利、商业秘密、专有技术信息等。二是非法披露：在未经许可的情况下，将专有技术信息泄露给第三方，导致技术秘密的公开和丧失商业价值。三是越权转让：在未获得技术所有者同意的情况下，擅自将专有技术转让给第三方使用或获利。

商业秘密通常指的是对商业活动具有商业价值且未公开的信息，如客户列表、销售策略、生产流程、研发成果等。在再制造产业中，商业秘密尤为重要，它可能涉及核心的生产技术、工艺流程、原料配方、客户资料等，这些都是企业在市场竞争中的重要资产。商业秘密侵权是指未经授权获取、使用或披露他人合法拥有的商业秘密的行为。与一般知识产权（商标权、专利权、著作权）相比，商业秘密有其特殊性。一般来说，知识产权的主体并不具体。其权利定位的客体是任何人（在法律空间的效力范围内），具有对抗第三人的效力以及排他性、专有性、独占性，是所有权。而商业秘密是在某些人的特定范围内，通过采取保密措施而产生的权利。常见的商业秘密侵权形式包括以下三种。一是窃取商业秘密：通过非法手段获取他人的商业秘密，如盗取文件、电子数据等。二是未经授权的信息披露：未经允许将商业秘密信息披露给未授权的人，如向竞争对手、媒体或其他未经授权的第三方透露公司的商业机密。三是违反保密协议：违反保密协议，将受保护的商业秘密信息泄露给未授权的人，如违反员工保密协议或合作伙伴之间的保密协议。

4.2　典型案例

4.2.1　美国有关专利产品再制造侵权案例

案例一："帆布车顶案"

此案例是美国法院继"刨床案"之后的又一专利产品再制造侵权案例。案由是专利权人即原告指控被告制造并销售原告敞篷车折叠式篷顶上的帆布的行为是对专利权的间接侵权行为。敞篷车篷顶作为一个整体受专利保护，而构成篷顶的各部件即帆布、支架和帆布与车体间密封装置并没有单独申请专利。帆布由于材质的关系一般使用三年就会出现破损而无法使用，而篷顶的其他装置的使用寿命基本上与车体相同。经审判，一审法院判定原告胜诉，二审维持原判，认为帆布的使用寿命不短而且价格也不便宜，从而推定更换顶棚是制造而非修理行为。然而，美国最高法院却对此不认同，间接侵权行为的基础是存在直接侵权行为，所以问题的关键就转移到了购买者未经专利权人许可就更换顶棚帆布行为是否构成直接侵权行为。威特克法官在起草判决意见时认为专利法保护的是权利要求书中各技术特征组成的整体，对于单独零部件不予保护，不管其在整个专利产品的作用、价格以及更换难度，除专利权人对其单独申请专利之外。再制造是针对专利产品整体报废后而言的，再制造出来的是一个新的产品，而更换部件只是购买者行使修理的权利，所以案件中的行为应视为修理而非再制造。布伦南法官在判决中补充自己的观点，虽然对于本案行为是修理，然而认为威特克法官的判断标准过于狭隘，有时更换超出了合理修理范围就有可能构成再制造，部分与整体的寿命关系、价值关系和不同利益方对易损部件的理解等均是需要考虑的因素。更换帆布的价格虽不便宜但相对整体来说较为廉价，而使用寿命也是比其他部件提前损坏，结合其易损性、易换性等特点，判定更换帆布对于整体产品来说属于合理的修理范围。

案例二："钻头案"

"钻头案"是美国法院审理的 Sandvik Aktiebolag 诉 E. J. Co. 案件。此案件涉及的专利产品是一种钻孔机，该机器上安装了一种特质钻头且该钻头是在华氏 1 300 度条件下被焊接上的，钻头不单独受专利权保护。考虑到专利产品的使用者在使用钻孔机过程中或多或少会对钻孔机上的钻头造成一定的磨损而使其变钝，专利权人在出售产品时便提供了详细打磨钻头的方法从而方便消费者使用。案件中的被告是提供钻头专业维修服务的商家，业务包括打磨和更换钻头。当钻头不能再被打磨时，被告在使用者允许条件下进行更换钻头服务且更换方法比较复杂，需要经过高温处理并冷却等过程。原告对被告更换钻头这一行为视为对专利权的侵权行为，因此诉诸法庭。一审法院判定为修理行为，二审法院则采取了不同的观点，认为被告行为不是简单的替换，其过程经过复杂程序进行打磨再更换，而且钻头不是必须定期更换的，其使用寿命相对于钻孔机其他零部件来说并不短。另外，没有相关证据证明更换钻头服务已形成一定市场规模，更换钻头的顾客只占一小部分，而且专利权人也没有生产或销售可更换的钻头。基于上述理由，美国联邦巡回上诉法院判定被告更换钻头行为属于再制造行为，构成侵权。

案例三：棉包捆扎带案

"棉包捆扎带案"是美国最高法院 1882 年审理的一个专利产品再制造侵权案例。此案件涉及的专利产品是包扎棉包的金属扣带，而且扣子上印着"仅授权一次使用"字样，此扣带方便棉包的运输。当棉包被运至目的地后，捆扎带须被割断，案件中的被告收集了这些碎块及金属扣并将其重新制成新的金属扣带进而销售出去。最高法院认为，金属扣带在目的地被顾客自愿剪断后就处于报废状态，被告又将碎块连接在一起制成新的带子不是对带子的修理，而是再制造行为，所以其行为构成侵权。

案例四："罐头加工机案"

"罐头加工机案"是美国最高法院认定的一起"类似修理"案件。案件涉及的机器整体受专利权保护，但其零部件不单独受保护。专利权人许可他人制造并销售了该机器，被告通过正常渠道购买这种二手加工机，经过清洗、改造使之恢复性能，由于被告改变了机器内部零件的尺寸，使改造后的机器加工量有所变化。一审和二审判决被告行为属于侵权，但最高法院认为，被告购买的二手机器并没有报废，经修理后仍可以使用，即使因改变部分零件的尺寸而导致修复后的机器的加工量变化也不能认定为侵权，因为加工的罐头的规格并非发明部分，且修改的零部件也不受专利的保护，虽被告的改造行为不是传统意义上的修理，但可以推断为修理，即类似修理，此外原告在出售加工机时并没有以任何明示形式作出相关限制。根据默示许可原则，被告有权对其规格进行修改，故不能认定为再制造行为，所以法院判定被告不侵权。

对美国专利产品再制造侵权的思考：除上述案例外，在美国历史上还出现过其他相关专利产品再制造侵权的判例，如"刨床案""冲浪艇案""离合器案""压力袖案"和"打印机墨盒案"等。涉案中的被告都对原告所拥有专利权的专利产品实施一定行为，包括更换、重新组装或链接、改装或改造零部件等行为。然而，看似相同的行为却受到了不同的法院判决，区别在于其行为是否构成了侵权的再制造行为。

美国法院在对专利产品再制造行为评判时主要考虑了以下四个问题：一是判断专利产品是否处于整体报废状态，报废的标准往往考虑更换的零部件与整体或其他零部件使用寿命期的对比以及专利产品的损坏程度；若更换的零部件使用寿命明显短于整个专利产品的使用寿命周期，则应视为合理的修理范畴。另外，产品的整体报废不仅包括产品在物理性能上不能再继续使用，也包含在某些特定条件下不能再次被使用的情况，如考虑健康或安全因素。二是明确所更换的零部件是否受专利权保护，不管专利产品是否处于整体报废状态，如果所更换的零件受专利权的保护，那么更换行为就会构成侵权行为。三是考虑更换零部件的难易程度。此外，从社会整体利益角度考虑，更换零部件的行为是否形成一定程度的市场规模，若只是一小部分客户的需求，则有可能视为再制造行为。四是考虑专利权人的意图以及被告行为的性质。值得注意的是，营利和更换的目的不作为专利侵权判断的理由。

4.2.2 日本有关专利产品再制造侵权案例

案例一："一次性相机案"

2000 年，日本法院对"一次性相机案"进行审判，案由几乎与美国的"一次性相机案"一样。原告富士公司将一次性相机出口至中国台湾地区和韩国，被告收购旧的相机后更换胶卷和电池重新封装后出口至日本。日本法院认为，胶卷取出后，相机被认为已经整体报废，对专利产品"整体报废"后的修理与其关键部件被更换属于"再造"行为，而专利权用尽原则只适用于原专利产品，专利产品再制造使其专利权没有用尽，因此被告被判承担侵权责任。

案例二："再生墨盒案"

日本佳能有限公司生产并销售了一种喷墨墨盒，中国某些公司对该种墨水已用尽的墨盒进行回收并重新灌注墨水，从而制成再生墨盒销往日本，在日本，Recycle Assist 公司即 RA 公司进口这些再生墨盒并以低于佳能公司原墨盒 20%~30% 的价格来进行销售。佳能公司认为 RA 公司所销售的再生墨盒侵犯到了本公司的 JP3278410 号的专利权，该专利既受产品专利的保护又受方法专利的保护，其发明的本质主要由技术特征 H 和技术特征 K 组成。经审判，一审法院认为再生墨盒行为不属于再制造行为。对于墨水已经干的墨盒来说，其专利权已经用尽，他人重新灌注墨水不是对该墨盒的重新制造行为，因此不构成专利侵权。然而，二审法院却不认同上述观点，其认为专利权不用尽情况有两种，一是等专利产品使用寿命结束后再对其进行使用，二是更换或者修理专利产品的实质部分从而延长产品的使用寿命。在二审判决中，法院认为被告对墨水用尽的墨盒重新灌注墨水，从而恢复了受专利权保护的技术特征 H 和技术特征 K，因此构成了对专利产品实质部分的修理，并且认为被告对再生墨盒进行灌注墨水是对其方法专利的侵权，故判定 RA 公司承担侵权责任。RA 公司对此判决不服遂诉至日本最高法院。遗憾的是，日本最高法院维持二审判决，依旧判定 RA 公司的再生墨盒为再制造产品，RA 公司构成侵权行为。

对日本专利产品再制造侵权的思考：从上述案例可以看出，专利的实质部分被日本法院作为专利产品再制造侵权判断的考虑因素。但是，值得讨论的是，所谓的专利实质部分究竟是指专利产品的实质部分还是保护专利产品的权利要求范围的实质部分，这还是存在争议的。若所谓的实质部分属于专利产品在物理结构上的实质部分，但却不在专利权利要求保护的范围内，那么更换或修理这部分若判定为再制造行为显然是不合理的。相反，假设专利实质部分不属于专利产品在物理结构上的实质部分，但更换的产品却落入权利要求所保护的范围，在不存在专利法中所规定的侵权抗辩事由外，就有可能存在侵权行为。此外，专利的权利要求书包含独立权利要求和从属权利要求，每个权利要求都是一个技术方案，其中涵盖的区别技术特征是为了解决现有技术中未能解决的问题。怎样判断区别技术特征属于权利要求的实质部分却是个难题，因此，采用实质部分这一说法尚不具有科学性。

4.2.3 德国有关专利产品再制造侵权案例

案例："托盘案"

2012 年 12 月，德国慕尼黑地方法院审理了一项有关专利再制造产品侵权案件，案件涉及的专利为 EP734967 号，欧洲专利。此专利用于保护一种带托盘容器，其构造主要是在装有液体的塑料容器外套有金属格兰托盘，是为了运送液体方便而设置的。该说明书记载，金属格兰在横断处焊接，以便减少液体在动态及静态时对容器所产生的压力。原告是生产并销售这种带托盘容器的专利产品的厂商，而被告也提供这种带托盘容器，只不过用自己生产的容器来替换专利权人使用过的容器。经过一审和二审，慕尼黑地方法院和慕尼黑高等法院均认为：专利产品经过首次销售后，专利权人即原告就丧失了对专利产品的控制权，也就是专利权用尽，被告对内部容器的置换行为并不构成专利产品再制造行为，并且法院认为内部容器并非涉案专利的组成部分，因此被告行为不构成侵权。但是，慕尼黑最高法院却推翻了上述判决，并将该案发回慕尼黑高等法院重审。

对德国相关案例的思考：从慕尼黑最高法院的判决来看，其在判断行为是否构成再制造时考虑了以下因素，即在整个带托盘容器的使用寿命内，通常是否需要定期更换内部容器的因素，而且这也与内部容器是否为发明专利的组成部分有关。如果内部容器不是必须更换的，那么按照商业惯例理解，这种置换行为属于再制造行为。相反，若专利产品在使用期限内需要更换容器，则被告行为不会构成侵权。因此，德国法院在判断专利产品再制造侵权时考虑了专利产品的属性以及其使用方法。

4.2.4 我国有关专利产品再制造侵权案例

案例："喷洗机案"

这是发生在我国台湾地区有关专利产品再制造侵权的案例，案件中涉及的原告为喷洗机之洗砂装置的专利权人，被告为离职员工。原告发现其客户所售出的喷洗机也就是案件中的专利产品的零部件并不是从原告处购买，而是由被告提供的。被告承接原告客户的喷洗机维修业务。根据被告为客户提供的型录内容，了解了被告确实有为购买喷洗机的厂商提供更换零部件的服务，并且被告所提供的零部件从形状和结构来看均与原告的零部件雷同。被告在明知此专利权归原告所有的情况下，未经原告授权许可便擅自提供所涉及专利的零部件供客户使用，属于侵害专利权行为，原告遂将其诉至法院，要求被告承担侵权责任。然而，被告主张仅为客户提供更换喷洗机零部件并不是对专利产品的重新制造，更换部分零部件行为是属于允许的修理而不是侵权的再制造行为，因此不涉及专利侵权。该案件在台中地方法院审理时，原告请求法院委派相关鉴定机构到原告客户那里鉴定喷洗机。由于原告客户不配合鉴定工作，原告遂提出被告的型录为之专利侵权进行鉴定。该型录由初审法院送往财团法人金属工业研究发展中心进行鉴定。该研究中心在回复法院的函文中指出：由于型录图片角度的问题无法详细对比，仍需要就实体的喷洗机之洗砂装置的结构进行详细对比防止产生争议。被告擅自更换喷洗机中洗砂装置的部分零件，关键问题在于更换行为是否属于在专利产品售出后且整体寿命耗尽后而使其重生的再制造问题，以及专利权人对被置换的零件的创作意图。若仅是单纯地更换零部件并且合约没对更换进行相应规定或限制，则被告的更换行为可能属于合理的修理，不是侵权的再制造行为。原告在诉讼过程中请求法院到其工厂去勘验涉案产品的专利范围，被告认为其根本没有制造专利产品，所以勘验没有任何意义。在勘验当日，原告向法院陈述喷洗机的转盘、顶板、拨砂器和侧板等均为消耗品。最终法院认为：专利产品购买后的合理使用是属于购买者的合法权利，专利权人对专利产品首次销售后就已经将权利用尽了。对专利产品的维修是属于产品所有人的合理使用范畴，不构成侵权；然而，对整体寿命耗尽的专利产品经加工处理后重新赋予产品新的使用寿命是属于对专利产品的再制造行为，构成侵权。对于修理和再制造的界限之分，既不取决于被更换的元件与整体元件使用寿命的比例，也不取决于被更换元件在整体产品中的特殊性或重要性，而是判断专利产品的整体寿命是否耗竭以及专利权人对被更换零部件的创作意图。原告的专利产品中砂斗杯、第一侧板、第二侧板和顶板等零部件属于消耗品，需要定期更换新的零部件来延长专利产品的使用寿命，原告本身也有允许更换零部件的意图且其本身也提供可供更换的零部件，因此，综合衡量被告更换专利产品零部件属于合理的修理范畴而非再制造行为，故不构成侵权。

对我国有关案件的思考：除上述案件外，在我国大陆地区也有类似案件的发生，如"回收利用专利酒瓶案"。我国对专利产品再制造侵权案件处理相对较少，因此在判断标准上还是依据专利法中的相关规则或原则，如专利权用尽原则或全面覆盖原则等。随着再制造业的发展，知识产权与再制造产品之间难免会有摩擦或冲突，因此，我国在借鉴外国相关案件经验的同时也要完善专利法中的相关规定。

5 再制造产业的知识产权侵权辨析

基于上一章典型案例的实务例证，本章从专利侵权、商标假冒与再制造品、著作权及其他知识产权三个视角进行知识产权侵权辨析研究。专利侵权部分从我国专利侵权判定中等同原则实践对策出发，进而深化研究专利产品再制造的侵权辨析及授权许可策略。商标假冒部分从商标反向混淆的危害与对策入手，重点分析了再制造品的商标规范与反向假冒问题，指出再制造商为了使产品有更好的销路，也更倾向于保留原产品的商标标识。著作权及其他知识产权部分主要从版权及集成电路布图和人才流动与商业秘密保护关系着手研究，分析了集成电路布图设计专有权主要涉及的未经授权的复制、制造、销售等行为。

5.1 专利侵权

5.1.1 我国专利侵权判定中等同原则实践对策

5.1.1.1 概述

等同原则是指将被控侵权产品或服务的技术特征与专利权人的权利要求书和说明书记载的权利要求逐一对比，若有一个或者多个技术特征表面上不相同，但实质上是以相同的方式或手段替换专利保护的部分或者全部技术特征，产生实质上相同的效果，那么认为被控侵权的产品或服务属于专利权的保护范围，则侵权成立。等同原则源于美国，被我国借鉴后逐步广泛地用于司法实践中。迄今为止，《中华人民共和国专利法》和《中华人民共和国专利法实施细则》都未对等同原则作出明确的规定，但是在解决一些专利侵权纠纷案件时，司法机关往往会将被控侵权的产品或服务的技术特征与专利权利要求书和说明书记载的技术特征所等同的技术进行比较。可见，在我国的司法实践中，早已将等同原则作为判定专利侵权的重要标准。

目前，在我国司法实践中，主要是采取"禁止反悔原则"和"公知技术"来限制等同原则的滥用。所谓禁止反悔原则，是指在专利申请审批过程中，申请人对一专利申请作出的修改和针对专利局审查的通知作出的意见陈述，有可能会对其专利保护范围产生一定的限制作用。它体现在禁止专利权人将其在审批过程中通过修改或者意见陈述所表明的不属于专利权保护范围的内容，重新纳入其专利权保护范围。所谓公知技术，通俗地讲就是共有领域的技术，它不属于任何专利权人，每个人都可以免费使用。总之，我国对于等同原则的司法实践起步比较晚，还不成熟，在专利侵权判定中等同原则的适用也还存在许多不确定的因素。但是，等同原则对于实现专利法的精神、平衡专利权人与社会公众的利益来说，又是特别重要的。因此，正确运用等同原则，对于我国专利法的适应与判定起着举足轻重的作用。

5.1.1.2 等同原则的适用

（1）等同原则适用的前提条件。由于我国对等同原则并没有在法律上明确给出定义或规定，因此并不是在一开始判定专利侵权纠纷时就适用的。因为，等同原则相对于全面覆盖原则来说，有较大的灵活性。一方面，等同原则的技术性很强，需要法官综合考量各种等同技术，在现实的司法实践中还是有些难度；另一方面，等同原则需要平衡专利权人和社会公众的利益。从某种程度上说，当这两方面的利益冲突较大、难以平衡时，本着鼓励创造，我们会选择保护专利权人，因而适用等同原则需要谨慎。

基于以上因素，在适用等同原则时必须有一个前提条件，即"全面覆盖侵权原则"不成立时，才能适用等同原则。

（2）等同的判断依据。对于是否构成等同侵权，我们必须要正确理解，严格按照等同原则的依据来判定。等同原则通过用等同技术特征来替代专利技术特征，它是扩大了专利技术的保护范围，而不能歪曲理解为扩大了专利权利要求的范围。因此，我们在司法实践中，主要运用美国的"三步检验法"。所谓三步检验法即"方式—功能—效果"理论方法，也叫"三统一"法。

（3）等同的时间。所谓等同的时间，即在专利侵权诉讼中，在判定专利是否侵权时，是以哪一个时间为准，目前各个国家各不相同。例如，美国和日本主要是专利侵权日；德国有所不同，是专利申请日或者优先权日；而世界知识产权组织《专利法协调公约（草案）》第二十条第2款规定：等同侵权判断的时间标准是专利侵权日；我国在司法实践中，最开始一些法院采用的是侵权行为发生时间，2009年《最高人民法院关于专利权的司法解释》规定的是专利申请日标准。

5.1.1.3 司法实践中等同原则存在的问题

众所周知，在适用等同原则时，专业要求性较高，需要法官对于某一领域现有技术及替代技术有所了解，因此本书认为在适用等同原则的司法实践中存在以下两个问题：

（1）缺乏明确的法律规定，导致法官自由裁量空间较大，造成权力滥用。通过上面的描述，我们很清楚，中国的等同原则是从美国借鉴过来的，专利法中没有明确的关于等同原则的规定。现阶段，司法机关审判关于等同原则的侵权案件主要是依靠一些最高人民法院的司法解释以及法官个人对等同原则的理解。这无疑在案件审理过程中加大了法官的自由裁量权，这不利于司法的公平公正。

（2）审判实际的要求与法官的自身素质不匹配。在等同原则的判定中，需要对专利权利技术特征和被控侵权技术特征进行对比分析，这就要求法官不仅要较好地掌握专利法的知识，还必须具有一些对科学技术的认知能力。

5.1.1.4 完善我国专利侵权判定中等同原则的建议

（1）等同原则的立法完善。一是制定统一明确的判定专利侵权等同原则的法律法规。目前，我国对于等同原则的适用，是一个比较尴尬的状况，很多问题无法可依，都是最高人民法院或者各个人民法院在审理案件的时候，仅凭自己主观上对法条或现实的揣测判断得出的结论，这是既不科学，也是缺乏公平性的。二是设立专门的专利侵权上诉法院，以确保审判中司法实践的统一。目前，等同原则的司法实践标准都是出自最高人民法院的司法解释。我国目前审理专利侵权的一审法院有50多个，二审法院有30多个，如此众多的法院，又没有统一的标准，以至于在判定专利侵权的适用标准与判决上都有很大差异。

目前，美国、德国、法国都已经设立了专门的专利侵权上诉法院。虽然从我国的法律现状来看，设立专门的专利侵权上诉法院不是特别现实，但是我们可以做一些努力，可以将全国分为几个大区，再在各个大区设立一个专门处理专利侵权上诉案件的法院。这些法院定期将各个大区的典型案例报给最高人民法院，再由最高人民法院统一指导审理，确保整个国家在适用专利侵权判定原则时的统一。

（2）适用标准的严格执行。在适用等同原则时，由于目前我国关于等同原则的法律规定还不太明确，因此要确保各个法院在适用上的统一，必须要规范法官的适用标准。

（3）专利权利要求书内容的严格规范。我国在确定专利权的保护范围时，采取周边限定论和中心限定论的折中处理，之所以要采用中心限定论就是为了避免周边限定论的弊端，即权利人由于在书写专利权利要求书时有一些缺陷，使得专利权人的合法权益难以得到充分的保护。因此，严格规范专利权利要求书的撰写，可以避免在适用等同原则上不确定的外在因素。比如，由于专利权利要求书存在一些写作缺陷或者漏洞，但是又的确属于它的保护范围，这样在适用等同原则的时候，判定起来就很麻烦。

因为等同原则，本来就是对于保护范围的扩大，如果当权利人的要求书出现缺陷或漏洞，我们仍然采用中心限定论，还要去分析权利人撰写专利权利要求书的本意，那么对于社会公共利益是不公平的。在适用等同原则时，必须要平衡专利权人与整个社会公众的利益，因此，在专利权人的专利申请阶段，专利审查机关应当对专利权利要求书的撰写提出严格的要求。一方面，专利权利要求书要清楚地记载保护范围；另一方面，在权利要求书的内容没有清楚记载时，在适用等同原则和判断保护范围时，应当更倾向于周边限定论。

5.1.2　专利产品再制造的侵权辨析及授权许可策略

5.1.2.1　专利产品再制造的侵权辨析

（1）专利产品的修理、再制造的技术概念界定。

修理是指为维持或恢复产品的最初功能状态而采取的必要技术手段。最大化地利用专利产品的使用价值是修理的目的所在，为了达到这一目的，有时必须更换专利产品的零部件。获得并最大化商品的使用价值是消费者购买商品的目的与初衷，而修理行为是为了保障产品的使用价值能够充分发挥的合理途径之一，从法理学角度来看，属于产品使用权的"合理延伸"，也符合专利权权利用尽原则，因此修理行为是合法的。专利产品修理的特点如下：一是修理的对象是已经损坏或者是有缺陷的专利产品；二是修理的目的是使专利产品恢复到可以使用的状态；三是修理的手段既包括零部件的更换，也包括调试、调整等；四是修理行为是产品使用权的合理延伸。可见，修理行为的本质是保障专利产品能够发挥自身的使用价值。在司法实践中，修理行为适用专利权权利用尽原则，现有的司法实践和学术观点基本认为修理是合理、合法的。

再制造是一种对废旧产品实施高技术修复和改造的行为，它针对的是损坏或即将报废的零部件，在性能失效分析、寿命评估等专有技术基础上进行再制造工程设计，采用一系列相关的先进再制造技术，使再制造产品达到或基本达到新产品的质量和性能。再制造的特点如下：一是再制造的对象是由损坏、缺陷等造成的不能发挥使用价值的专利产品；二是再制造的目的是使专利产品恢复到可以使用的状态；三是再制造超过了修理的合理限度，不符合专利权权利用尽原则；四是再制造侵犯了专利权人的合法权益；五是再制造是有着确定含义的法律概念。可见，再制造行为超过了合理"修理"行为的限度构成了制造新产品的行为，在未经权利人许可的情况下侵犯了专利权人的合法权益，属于违反了专利法的行为。

（2）区分修理与再制造的法律意义。

专利权人的专利权通常有两种表现方式，一是实施专利发明的独占权利，二是禁止他人实施专利发明的权利。实施的行为中包括了未经许可的专利内容，这种行为就叫作侵权行为。从法理学角度区分专利产品的"修理"与"再制造"，也就是区分专利产品再制造行为是否侵犯了专利权人的合法权益。专利产品的"生产行为"如果符合"修理"的特征，就没有侵犯专利权人的专利权；如果符合"再制造"的特征，就超出了专利的合理使用范围，侵犯了专利权人的合法权益。因此，区分专利产品修理与再制造的法律意义不仅仅是从法理角度界定权利的范围，还能通过保障专利产品权利人的利益，协调再制造产业中从业者的利益，从而促进再制造产业的发展。

（3）区分修理与再制造所适用的法律条文。

《中华人民共和国专利法》第十一条规定："发明和实用新型专利权被授予后，除本法另有规定的以外，任何单位或者个人未经专利权人许可，都不得实施其专利，即不得为生产经营目的制造、使用、许诺销售、销售、进口其专利产品，或者使用其专利方法以及使用、许诺销售、销售、进口依照该专利方法直接获得的产品。"由此,我们可以得出专利侵权行为的特征:一是侵害的对象是有效的专利;二是必须有侵害行为,即行为人在客观上实施了侵害他人专利的行为;三是以生产经营为目的;四是违反了法律的规定,即行为人实施专利的行为未经专利权人的许可。

《中华人民共和国专利法》第七十五条规定:"有下列情形之一的,不视为侵犯专利权:专利权人制造、进口或者经专利权人许可而制造、进口的专利产品,或者依照专利方法直接获得的产品售出后,使用、许诺销售、销售、进口该产品的。"专利产品通过合法渠道售出后,专利产品的购买者为了使专利产品处于能够正常使用的状态,可以对专利产品进行必要的修理,但是这种"修理"不是无限度的,如果修理行为超过了一定的"限度"就构成了法律上禁止的"再制造"。至此,专利产品的再制造到底是属于我国《中华人民共和国专利法》第七十五条售出后的使用行为,还是属于《中华人民共和国专利法》第十一条未经专利权人许可的制造行为,就成为判定是否构成专利侵权的症结所在。

(4) 区分修理与再制造所适用的法律原则。

专利权的权利用尽原则,也称权利穷竭原则,或者称第一次销售原则,是指专利产品经专利权人授权被首次销售后,专利权人即丧失对该专利产品进行再销售、使用的支配权和控制权。购买专利产品的顾客可以为恢复专利产品的性能而进行修改,却不能在专利产品基本废弃后重新制造与专利产品相同的产品。图 5-1 是合法情况下专利产品的市场转移过程。当专利产品到达消费者手中的时候,专利权人就丧失了对于专利产品上专利的实际控制权,这就是专利权权利用尽原则。专利权权利用尽原则是专利权人利益与消费者利益冲突与平衡的产物,可以在保障专利产品自由流通的同时兼顾专利权人的利益,实现个人利益与社会利益的统一。

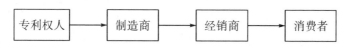

图 5-1　专利产品的市场转移过程

默示许可是指在专利产品第一次合法售出时,如果专利权人或者其他被许可人没有明确提出限制性条件,则意味着购买者获得了任意使用或者转售该专利产品的权利。默示许可的适用情形如下:一是通过合法渠道获得专利权人的专利产品,该专利产品的所有者可以任意处置该专利产品;

二是为了减少侵权行为造成的损失，受到侵害的个体与组织可以不经过专利权人的同意出售专利产品。图 5-2 是专利产品再制造侵权判定流程图。

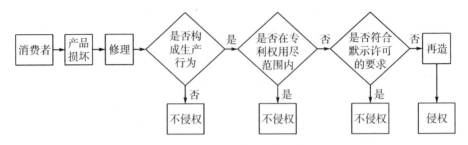

图 5-2　专利产品再制造侵权判定流程

综上所述，区分专利产品维修与再制造行为的理论基础可以借鉴"权利用尽"和"默示许可"理论。专利产品的合法渠道购买者可以自由地使用专利产品，其中包括为了维持专利产品的使用而进行一定的更换和修理行为；同时购买者对于专利产品的支配使用是有限制的，即对专利产品的维修和更换不能构成新的产品制造行为，否则构成侵权。

5.1.2.2　完善专利产品再制造立法的建议

从美国、日本等发达国家再制造产业的实践来看，现有专利产品的修理、再制造的相关理论还不是很完善，相关判例也不够充分。本书认为，由于再制造产业本身尚处于发展阶段，对专利产品的修理、再制造的判断标准等不宜规定得过细，可以采取一种比较简明、易于判断、便于操作的标准和参考体系，避免因程序烦琐和过度保护对再制造产业发展造成阻碍。

（1）防止权力的滥用。关于专利的许多问题并不单纯是一个个法律问题，而是国家公共政策体系的重要体现，通过对专利的相关规定，可以引导社会资源流动，使得资源的分配更加符合我国国情的需要；专利权的保护不仅是法律制度问题，在很大程度上也与国家的综合实力、科技实力息息相关。我国属于发展中国家，近几十年来虽然经济有了较快的发展，但是在现代科技方面不论数量还是质量都与发达国家存在较大差距，因此，我国应鼓励科技发明创造以推动我国经济的发展；与此同时，也要从自身实际经济情况出发，防止专利权过度保护限制了我国新型行业的发展。可见，要适度地保护专利权、防止专利权利被滥用，这样才能实现既推动科技进步又避免专利制度对经济社会的负面影响。

（2）界限清晰的原则。所有的权利都是有边界的，专利权当然也不例外。专利的相关立法并不单纯考虑专利权人的相关利益，还应当考虑社会公众的合法权益和明确专利权人的权利界限。允许社会公众对合法取得的专利产品拥有自由处置的权利就是为了防止专利权人长期占有专利资源导致技术停滞并造成社会资源的浪费。专利产品是社会资源的重要组成部分，对于有回收价值的专利产品的弃置实质上是对社会资源的极大浪费。为此，我们必须明确专利产品维修与再制造的界限。只有明确了专利产品维修与再制造的界限，才能够避免因为害怕侵权而放弃对有价值的专利产品的再利用造成的消极影响。例如，在美国"一次性相机案"中，旧相机的来源有两个，一是首次销售在美国国内，二是首次销售在美国国外。涉案相机首次销售是在美国国内的，符合专利权利用尽原则，涉案相机的专利权在首次销售后用尽，对于首次销售在国内的一次性相机进行回收再制造不侵犯专利权人的专利权；而不在美国国内首次销售的，由于美国不承认平行进口，所以对于首次销售在美国以外的一次性相机的回收再制造认定为侵犯了专利权人的相关权利。这一判定方式充分体现了界限清晰原则。

（3）利益平衡的原则。现代经济的实质是知识经济，任何一个国家都不能无视科技进步对经济发展作出的杰出贡献。如何最大限度地调动人们的积极性去从事科技创新、如何引导社会资源向科技发展方面流动是经济社会发展中的关键性问题。为了解决这一问题，可以通过制度设计给予权利人专有权，使其在一定时期内拥有合法的垄断权，从而来调动人们开展科技创新活动的积极性。但是这样的制度设计必然会提高消费者的成本，这是专利制度固有的矛盾。为此，我们要兼顾利益平衡的原则，在专利权人与社会公众之间寻找利益平衡点，实现社会利益与个人利益的统一。例如，在日本墨盒案中，日本最高法院提出了以交易的实际情况作为判定是否侵权的新标准，这样可以更为灵活，也可以使得判定结果更加符合经济生活的实际情况。这一判定方式充分体现了利益平衡原则。

5.1.2.3 专利产品再制造的许可策略

（1）专利产品修理、再制造与专利许可协议的关系。

区分专利产品的修理与再制造的目的在于，判定专利产品的再制造是否侵犯了专利权人的合法权益。专利产品再制造产业的发展要建立在合法的基础上，如果专利产品的再制造侵犯了专利权人的合法权益，这对于专利产品再制造产业自身的发展也是极为不利的，因为任何产业的长期发展都不可能建立在侵犯他人的合法权益的基础上。对专利产品的修理与再制造的区分可以帮助再制造商明确自己再制造行为合法性的边界。如果再制造商要进一步扩大生产，超出了"修理"的界限、侵犯了专利权人的合法权益，需要向专利权人寻求授权许可并与其签订许可协议，使得自己的再制造行为具有合法性。

（2）通过限制条款避免再制造商与原制造商之间的恶性竞争。

随着再制造产业的发展，许多再制造商开始选择与专利产品制造商合作，作为专利持有者的制造商向再制造商授权许可，然后再制造商对专利产品进行再制造，再制造商支付一定的技术许可费用之后，可以有效地规避专利侵权造成的法律纠纷及相关的法律诉讼成本，而专利持有者也可以分享再制造产业的利润。但是，再制造产业的产品与原专利产品在很大程度上具有相同或者相似的使用价值，因此再制造产品与原专利产品可能在同类市场上展开比较激烈的竞争。这是再制造商与专利权人难以达成许可协议的主要原因之一。

为了促成再制造商与专利权人的合作，提高社会资源的利用效率，专利权人在给予再制造商许可权的同时可以加上一定的限制条款，来避免再制造商生产的产品与原专利产品的恶性竞争。例如，在地域上加以限制，再制造商生产的产品与原专利产品在不同地域市场上销售；在细分市场上加以限制，原专利产品可以为大批量的客户服务，而再制造产品只能为零散客户服务，或以其他方式进行市场划分；在产品的主要功能上加以限制，一个产品可以有很多使用功能，再制造产品可以只重现专利产品的部分使用功能，或是在原专利产品的基础上开发新的使用功能。

（3）促进许可协议达成的定价策略。

只有再制造商与专利产品制造商都有利可图的时候，再制造的技术许可协议才有可能达成。再制造商与专利权人的主要博弈点集中于许可费用的多寡。由于再制造产品的质量和功能一般低于原产品（最多与原产品相当），其售价只有不高于原专利产品时消费者才能接受；再制造商生产经营活动预期收益要不低于资本进行无风险投资收益，再制造商才会进行再生产活动。

假设再制造商每件产品负担的许可费用为 a，再制造商每件产品的生产成本（不含专利的许可费用）为 b，再制造商每件产品的销售单价为 c，专利产品销售单价为 d，无风险报酬率为 e，预计销量为 f，回收价格为 g。其中，a 为决策变量，b、d、e、g 为常量。得方程组如下：

$$\begin{cases} (c-a-b-g) \times f \geq e \times (a+b+g) \times f \\ c \leq d \end{cases}$$

模型的经济含义如下：一是 $c \leq d$ 是指再制造产品的销售价格要不高于原专利产品。如果再制造商的产品价格高于原专利产品，显然消费者不愿意购买。二是 $(c-a-b-g) \times f \geq e \times (a+b+g) \times f$ 是指再制造商投入再制造产业的收益要大于同等资本的最低报酬率。如果许可费用较高，则过度削减了再制造商的利润空间，显然再制造商不会对该专利产品进行再制造。解方程组得：$a < d(e+1)-b-g$，因此可以得出以下结论：当许可费用满足 $a < d(e+1)-b-g$ 时，再制造商从事再制造生产活动相对无风险投资才有利可图，许可协议才有可能达成。

5.2　商标假冒

5.2.1　商标反向混淆的危害与对策

反向混淆是一种相对于传统正向混淆而言的新型商标侵权形式，是指在后商标使用者利用营销、宣传等手段，使商标具有较高的市场知名度，消费者误认为在先商标使用者的商品源于在后商标使用者或两者之间存在联系。在后商标使用者使得在先商标使用者不能利用自己的商标进入新的市场，在先商标使用者的预期收益受到侵害，本质上失去了商标的市场控制权。我国应重新审视商标反向混淆的危害，构建一个较为系统的理论体系；在先商标使用者应动态跟踪自有商标的各类混淆情况，实施商标预警管理；在后商标使用者应严格按照《中华人民共和国商标法》的规定合法使用商标，主动查询已注册商标目录，避免反向混淆带来的知识产权风险。

5.2.1.1　引言

（1）反向混淆的内涵。

反向混淆是美国商标法中的概念，是 20 世纪 70 年代由美国法院通过一系列相关案例提炼而来的，它与正向混淆是相对的。商标的正向混淆是在后商标使用者让消费者产生错误印象，以为其商品或服务源于在先商标使用者。在正向混淆侵权中，在后商标使用者利用了在先商标使用者的商誉。而商标的反向混淆是指在后商标使用者容易使消费者不能区别相同或者近似商标下的商品，容易让消费者误认为在先商标使用者的商品源于在后商标使用者，或者认为两者之间存在某种联系。可见，反向混淆不同于正向混淆，是一种新型的商标混淆侵权模式，并且反向混淆的侵权方式、适用的标准与正向混淆也不同。

反向混淆与正向混淆的区别在于：一是在正向混淆中，消费者会认为在后商标使用者的商品或服务源于在先商标使用者；二是在反向混淆中，消费者混淆的方向恰恰是相反的，会认为在先商标使用者的商品或者服务源于在后商标使用者。可见，在反向混淆侵权中，由于在后商标使用者的经济实力和市场地位要优于在先商标使用者，并通过一系列的宣传活动，能使消费者认为在先商标使用者的商品源于在后商标使用者，从而造成反向混淆。

（2）反向混淆的由来。

"反向混淆"一词最早是在1918年由美国的霍尔姆斯法官在国际社诉美联社案中随案发布的一份赞同法律意见中提到的："在一般的商标案件，通常是被告假冒原告产品。而与此相反，导致人们误认为原告产品源于被告的行为也存在同样的罪过。只不过，后一种情形更加微妙，造成的危害也更为隐蔽。但在我看来，适用于其中一种情形的原则也同样适用于另外一种。"

让反向混淆问题正式摆在美国法官面前的是1964年美国西部汽车制造商诉讼福特公司的侵权案。在该案中，原告西部汽车制造公司在其制造的拖拉机和越野车上悬挂有"野马"（Mustang）商标，并且该商标已经获得联邦注册。而在1962年福特公司使用"野马"作为其试制汽车的商标，于1964年4月开始大量生产和销售"野马"牌汽车，并投入了巨额广告费用宣传自己的商品。西部汽车制造公司在得知福特未经允许的情况下在他们的商品上悬挂自己公司的商标，要求福特公司立即停止使用该商标，但福特公司认为自己并不存在侵权，自己所生产的商品与西部汽车制造公司生产的商品并不相类似，并不存在西部汽车制造公司口中的商标侵权。最终西部汽车制造公司一纸状书将福特公司告上法庭。西部汽车制造公司认为福特公司在1964年4月开始大量生产和销售"野马"牌汽车，并花费巨额广告费宣传自己的商品，引导消费者误认为西部汽车制造公司的汽车源于福特公司，福特公司利用其强势地位和经济实力强行取得了"野马"商标的实际控制权。美国联邦第七巡回法院受理此案并判决"原告并不拥有强势商标,因而无侵权可言"。此判决一出在美国立即引起了强烈的反响,并有学者评论道:福特公司在明知西部汽车制造公司拥有"野马"商标的情况下,仍旧强行使用"野马"商标,其"过错在先"是显而易见的,但由于原告与被告双方的经济实力和市场地位等方面的悬殊,侵权的后果与一般的商标侵权具有差异,即没有形成正向混淆,而是形成了反向混淆,被告的一系列广告宣传使消费者误以为原告的商品源于被告,而法院的判决无异于在鼓励弱肉强食、以大欺小。

而 1977 年的"BigO"案,则促使法院对反向混淆及侵权方式做出了认定,奠定了反向混淆作为商标侵权案件的法律基础。在该案中,双方当事人"BigO"与"固特异"都从事轮胎的生产和销售业务。1974 年 2 月,原告"BigO"就在轮胎产品上使用"BIGFOOT"商标,同年 7 月被告"固特异"也在其生产的同类商品上使用该商标。其间,被告曾派代表与原告洽谈该商标转让事宜,但遭到原告拒绝。但被告不顾原告的反对,仍旧继续在其轮胎销售和广告宣传中大量频繁地使用"BIGFOOT"商标,截至1975 年 8 月 31 日,被告在大规模的广告战中投入了近千万美元的资金。在本案的诉讼中,双方争论的焦点就在于,当原告既未主张也没有任何证据表明,被告企图利用原告商誉或者将其产品假冒为原告产品时,原告是否有权提起商标侵权之诉。美国联邦第十巡回法院认定,消费者在看过固特异公司的广告片后,误以为原告销售的轮胎源于固特异公司。可见,被告的行为造成了消费者的反向混淆,应予禁止。

部分参与此类诉讼案件的法官的观点基本一致,即放任反向混淆无异于向市场竞争主体昭示,大型企业可以名正言顺地侵占中小微企业的在先商标,凭借其强大的经济实力,通过一系列的广告宣传活动提高其产品的市场知名度和认知度,使得消费者误认为在先商标使用的中小微企业反而是侵权者,最终将此商标据为己有。随着类似商标反向混淆案件的陆续出现,美国法院也逐渐认识到了传统商标侵权判断依据的局限性和危害性。

5.2.1.2 反向混淆的危害

(1)是否存在危害的争论。

学术界和司法界对正向混淆的危害了解相较于反向混淆多一些,正向混淆中在后商标使用者占用在先商标使用者积累的商誉,侵害在先商标使用者的利益,欺骗消费者,使消费者在商品选择的过程中受到了干扰。

《中华人民共和国商标法》中并未明确规定"反向混淆"的构成要件和判定准则等，近年来学术界对此也仅有零星的论点。而在司法实践中，由于该类案件纷繁复杂，法院在处理商标侵权诉讼时不可避免地逐步触及了利用传统商标混淆理论所不能解决的问题。因此，此类案件的陆续出现在司法界引起了一些思考，如"反向混淆"能否作为认定商标侵权的一种依据？现行的商标混淆能否向"反向混淆"扩张等？这一系列的疑问为商标法的研究既提出了新的挑战，也带来新的机遇。

反向混淆的特征与正向混淆存在差异，社会上对禁止反向混淆的正当性的呼声也并不是一致的。部分学者反对禁止反向混淆，认为：在后商标使用者不存在"搭便车"的行为，因为在先商标使用者的商标并不知名。所以不论从主观意识还是客观事实上都不存在在后商标使用者侵害了商标持有人的商誉，而且在商标持有人持有的商标不知名的情况下，在后商标使用者通过自己的劳动使消费者知道了这个商标，使此商标有了一定的知名度和商誉，提升了商品和服务提供者的综合品质。可见，对于反向混淆的危害存在争议也恰好说明反向混淆的危害具有极强的隐蔽性。

（2）对商标持有人造成的危害。

只要存在混淆侵权，就必定会对商标持有人的权利带来危害。需要注意的是，反向混淆对商标持有人的危害相比于正向混淆而言，其过程更隐蔽而其危害却更强烈。例如，在美国"亚美技术案"中，美国第六上诉巡回法院就反向混淆对商标持有人的危害有一段描述："反向混淆有着不同于传统混淆的诉求，在后商标使用者的用意不是通过占用在先使用者的商誉获利，而是用相似的商标充斥整个市场从而淹没在先使用者使得公众认为在先使用者的产品来自在后使用者或者前者同后者有某种关联，结果导致在先使用者丧失了自主商标的价值，丧失了对于自身商誉和声望的控制，丧失了进入新市场的能力。"可见，在反向混淆中，商标持有人比正向混淆中受到的危害更为严重。

（3）对消费者造成的危害。

反向混淆不仅仅对商标持有人造成危害，同样也会对消费者造成危害。因为反向混淆模糊了消费者的选择，消费者应该享有区分商品和选择商品的权利，反向混淆本身就是一种扰乱市场秩序稳定的违法行为，所以最终受害的还是广大消费者。

5.2.1.3　iPad 案

（1）iPad 案之概览。

"iPad 商标侵权案"是中国深圳唯冠科技有限公司（以下简称"唯冠"）起诉美国苹果公司（以下简称"苹果公司"）侵犯其"iPad"商标权案件。该案件经过 3 次开庭，最终判定苹果公司侵权。2012 年 2 月，唯冠要求在上海地区禁售 iPad 的听证会结束，苹果公司提请驳回禁售令。2012 年 6 月，广东省高级人民法院通报，苹果公司支付 6 000 万美元一揽子解决 iPad 商标纠纷。本案中，有人指出，商标侵权的构成有一个必要条件就是"容易使公众对商品的来源产生误认"，但在本案中，由于苹果公司被大家熟知，而且其 iPad 产品在中国的销量之火爆为众人所知，所以 iPad 在中国的知名度很高。而唯冠在中国却不为人所知，其 iPad 产品也不为很多人所知道，有学者就认为消费者不会将苹果公司的 iPad 误认为是唯冠生产的产品，所以不会造成混淆，也不会对唯冠带来利益损失，因此认为苹果公司不构成侵权。根据《中华人民共和国商标法》第五十二条的规定："未经商标注册人的许可，在同一种商品或者类似商品上使用与其注册商标相同或者近似的商标的，属侵犯注册商标专用权。"根据我国知识产权界著名学者陶鑫良教授的观点，正是由于唯冠先行在中国注册了"iPad"商标，苹果才会在中国陷入了被指侵犯唯冠商标权的窘困境地。而根据《商标国际注册马德里协定》，苹果公司只有在国际上先注册，并将其商标权延伸至中国，方能在中国也享有"iPad"的商标权。

现有研究的评述从法理和市场利益权衡来看均有其道理所在，另外，《最高人民法院关于审理商标民事纠纷案件适用法律若干问题的解释》第九条也表达了类似的观点，但笔者认为仍有两个问题需要学术界思考：一是苹果公司的商标与唯冠的商标（均为 iPad）是相同还是近似？最高人民法院《关于当前经济形势下知识产权审判服务大局若干问题的意见》中的第 6 条规定："在同一种商品上使用与其注册商标相同的商标的，除构成正当合理使用的情形外，认定侵权行为时不需要考虑混淆因素。"也就是说，如果苹果公司的商标与唯冠的商标被判定注册商标相同，则苹果公司是否构成商标反向混淆就不用深入分析。二是是否存在"反向混淆"这个问题？在这个案子里，很明显反映出了反向混淆的问题，虽然消费者不会将苹果公司的 iPad 产品误认为是唯冠的产品，但由于苹果公司强大的市场地位和其产品的市场知名度，却会使消费者将唯冠的产品误认为是苹果公司的产品，从而使消费者产生了反向混淆。

（2）iPad案评析。

"反向混淆"的概念在美国的司法界和学术界被普遍接受，而在中国的商标法律法规中却并没有类似规定，因此学术界、司法界对该概念普遍不能接受。而浙江省高级人民法院对"蓝色风暴"一案所做的判决似乎在预示着，"反向混淆"的概念对中国法院来说也是可以接受的，并且会随着类似案件的增多逐步被各界承认并重视。

据笔者所知，深圳唯冠科技有限公司的iPad产品全名为Internet Personal Acess Device，中文名为联网器，定位于一款网络终端设备，是唯冠IFAMILY系列产品之一。这一系列产品唯冠曾投入超过3 000万美元进行研发。2000年，其iPad产品正式对外发布，2003年，唯冠开始研发新一代iPad。唯冠的iPad产品可以说是遍布全世界，尤其在美国，虽然没有在美国注册到商标，但唯冠以代工生产（OEM）的形式卖给惠普公司，通过惠普公司在美国市场上销售其研发的iPad产品，所以苹果公司在明知市场上已经有了iPad这个商标的存在，依旧发布自己的iPad产品，就已经构成了商标的侵权。但由于唯冠的iPad产品主要针对的是国际市场，不为国人所熟知，所以当苹果公司在中国市场上发布销售其iPad产品，使消费者错误地认为iPad就是苹果公司的商标。所以，笔者认为苹果公司的iPad产品已经对唯冠构成商标的反向混淆侵权，苹果想要在中国大陆使用该商标只能通过让唯冠转让iPad商标或者得到唯冠许可等方式方能继续进行销售。

5.2.1.4 完善我国商标法中反向混淆的建议

我国关于反向混淆的研究立法比较缺失，但是在现实实践中却不断出现反向混淆的案件。例如，"蓝色风暴"案经过两次审判，虽然法院判决蓝野公司胜诉，但是和中国发生的其他反向混淆案件一样，它的论述过程不够清晰。美国是世界上最早研究反向混淆的国家，理论体系相当完善，对我国研究反向混淆问题具有非常好的借鉴意义。本书引入的一些美国案例就是为了借鉴美国的经验，促进我国对反向混淆的立法完善。

（1）确定反向混淆的侵权性。反向混淆的危害性相比于正向混淆的危害性更为隐蔽，对商标持有人以及消费者造成的危害也更大，而且反向混淆会严重扰乱市场秩序的稳定性。所以，为了保护商标持有人的既有商业利益和对商标的控制权，以及为了维护消费者自由选择商品的合法权益，更重要的是为了维护市场秩序的稳定，应该修改完善反向混淆侵权的判定准则和执行措施，给企业（在先商标使用者）及消费者提供法律保护。

（2）明确反向混淆的含义。在《中华人民共和国商标法》中并没有对反向混淆的概念做出明确的定义，从"蓝色风暴"案可以看出，我国对反向混淆这一新型的侵权模式并不排斥。美国从一开始不接受反向混淆到接受反向混淆，美国法庭也一直在拓宽反向混淆的范围。所以，我国可以参考美国有关反向混淆的法律理论和司法实践，对我国的反向混淆做出明确的定义。

（3）制定反向混淆的认定标准我国对于如何判定反向混淆的标准还没有明确，虽然在"蓝色风暴"案中最后判定百事公司存在反向混淆侵权，但是法院对判定的论述过程并不清晰。我国没有一个明确的认定标准，法院就没有可供参考的标准，所以我国亟待明确反向混淆的认定标准。我国在制定反向混淆的认定标准时可以参考美国的 Polaroid 八要素判定，包括：一是原告商标的市场认知度，二是原告、被告商标之间的相似度，三是原告、被告产品的相似度，四是进入市场的可能性，五是实际混淆的证据，六是被告在采用原告商标时的善意（主观意图），七是产品或服务的质量，八是购买者的辨别水平。

（4）完善反向混淆的归责及赔偿问题。在反向混淆案件中，在确认归责问题的时候不管被告是主观意识上的侵权还是非主观意识上的侵权，事实是被告基于自己的经济实力以及社会影响，对原告的利益、商誉以及市场的开拓上都产生了影响，所以不管是否存在主观意识上的差异，被告都应该承担侵权的责任。在赔偿的问题上，应该根据被告对原告造成的实际危害进行相应的赔偿。

5.2.2 再制造品的商标合规与反向假冒

5.2.2.1 循环经济促进背景下商标法中的合规分析

尽管《中华人民共和国循环经济促进法》已将再制品纳入法律范畴，但是迄今为止，在许多领域并没有对再制品和新产品进行严格的界定，再加上知识产权法在再制品专利保护方面的空白，原制造商通常会以再制品侵权为由对再制造商进行战略反击。再制造商只有通过制造商的专利授权后才有资格对旧产品进行回收再制造，如佳能公司就以 Recycle Assist 公司进口、销售的再生墨盒侵犯其日本专利为由提起诉讼并胜诉。

《中华人民共和国商标法》第四条规定："自然人、法人或者其他组织在生产经营活动中，对其商品或者服务需要取得商标专用权的，应当向商标局申请商标注册。"从此条规定可以看出，法律允许经营者对经加工、拣选或经销的商品标以自己的商标。再制造业者从事的可视为报废原始商品的"加工"，当然有权标以自己的商标。再制造商标是指在再制造产业中使用的，用于标识再制造产品的商标。再制造商标的设计和使用需要遵循相关的法律法规和商标管理规定，以确保商标的合法性和有效性。

再制造过程本身并不破坏废旧产品的物理形态，仅对产品进行整体翻新，替代或修理损坏的部件。由于产品本身的限制，大部分再制造产品保持了原产品的外观和内部结构。当然，再制造商为了使产品有更好的销路，也更倾向于保留原产品的商标标识。但是，再制造产品毕竟不是原生产商制造的初始产品，原制造商也未必能从其销售中获益，除非是经原生产商许可的再制造。

目前主要从事再制造业务的是独立的第三方再制造商。原生产商由于考虑到市场销售、经济收益、品牌影响等因素，对参与再制造的意愿较低。然而，当第三方再制造商进行废旧产品再制造时可能会对原生产商构成一定的威胁，引发新的利益冲突。同时这也可能引起知识产权纠纷等问题。为了解决第三方再制造商和原生产商之间的矛盾与冲突，较多学者主张通过专利授权模式开展再制造业务。我国政府在推动再制造产业发展中也支持授权模式，如《汽车零部件再制造规范管理暂行办法》中明确提出：再制造非本企业生产的产品须取得原生产企业的授权。

由于日益健全的相关政策，消费者日益增强的环保意识和废弃产品回收再制造的经济效益驱动，越来越多的企业加入再制造行列中来。它们给品牌厂商带来竞争压力的同时，也为品牌厂商提供了合作的可能。在我国，再制造行业契合了环保、重复使用的理念，正在日益发展壮大，一些地方甚至建立了再制造产业示范基地。随着再制造企业规模的扩大，涉及的行业和产品也日益增多，许多再制造企业都创建了自己的品牌，并且希望借助品牌的力量，进一步扩大自身及产品的影响。

5.2.2.2 反向假冒在再制造品商标中的应用分析

《中华人民共和国商标法》第五十七条规定，未经商标注册人同意，更换其注册商标并将该更换商标的商品又投入市场的行为属于侵犯注册商标专用权的行为。这种行为又被称为"反向假冒"行为。

（1）认定反向假冒侵权行为的条件。

第一，须是行为人未经商标所有人同意而擅自更换商标。未经许可是构成侵权的必要条件。应予排除的是自愿为他人提供产品的情况，如在定牌生产、来料加工等贸易活动中，经营者生产加工的产品进入市场所使用的商标是许可方的商标，对许可方来说，是利用他人的产品树立自己的声誉。这种经营上的互利合作关系是在双方自愿基础上建立的。

第二，撤换商标的行为须发生在商品流通过程之中而尚未到达消费者前。如果带有原商标的商品已经到达消费者手中，商标已实现其功能，商标权即告终结。消费者对属于自己财物上的商标标识、标牌如何处置，都无损于他人利益，商标所有人自然无须过问了。

（2）商标反向假冒的性质。

商标反向假冒行为有两种表现形式：一是摘除他人商标，换上自己的商标进行商品销售（显性反向假冒）；二是摘除他人商标在无商标的情况下进行销售（隐性反向假冒）。无论是显性反向假冒还是隐性反向假冒，两种行为都有一个共同的特点——将他人投入市场的商品上的商标摘除。而这是典型的侵犯商标使用权的行为。侵犯商标"禁用权"构成商标侵权，侵犯商标的使用权的行为同样构成商标侵权。

（3）商标反向假冒构成侵权的根据。

第一，反向假冒对消费者购买的商品来源做了虚假表示，欺骗了消费者。商标的重要功能在于区别其他商品，进而降低消费者在市场中的"寻找费用"。反向假冒行为者虚假地表示商品来源的信息，错误地引导消费者做出购买行为，这显然构成欺诈。

第二，反向假冒行为者虚假表示商品的来源信息，从消费者对商品建立的商誉中获得利益。行为者之所以进行反向假冒，目的在于"搭便车"，获得不正当的利益。消费者使用商标提供的关于商品来源的信息，同样是为了实现自身利益最大化，获得物美价廉的商品或服务。对商品有满意经历的消费者会记住一些商标，在将来更可能选择购买这一品牌。一个商标给消费者提供了合适的方法来区分他喜欢或不喜欢的商品，销售者通过利用商标来获得以前销售所创造的商誉，商誉的创造依靠消费者的购买经历。

5.2.2.3　再制造案例中商标反向假冒的分析

一般商标假冒是利用商标所代表的质量信息来获得利益，而商标反向假冒利用的是商品低廉的价格和优良的质量来获取商誉。

案例 1. 如皋市××机械厂诉轶德公司侵犯商标专用权纠纷案

将他人生产的旧设备去除原有商标后以自己产品出售，构成侵犯商标权。案例要旨：对购置他人生产的旧设备重新修整，去除原有商标标识后以自己产品出售的行为，应认定为侵犯原设备生产企业的商标专用权。

案例 2. 徐州××机械集团有限公司、徐工××工程机械股份有限公司、徐州××筑路机械有限公司与青州××机厂有限公司侵害商标权纠纷、不正当竞争纠纷案

商品更换商标后作为样品展览不构成反向假冒商标侵权。案例要旨：根据我国法律的规定，未经商标注册人同意，更换其注册商标并将该更换商标的商品又投入市场的，构成反向假冒商标侵权，属侵犯注册商标专用权的行为。据此，反向假冒行为应当满足两个构成要件：更换注册商标和将更换商标后的商品投入市场。需要注意的是，投入市场指的是将商品进行销售。如果仅仅将该商品作为样品进行展示，其行为属于对商品质量的虚假宣传而不是反向假冒。

案例 3.××科技股份有限公司与中国××网络通信集团有限公司、江苏××科技股份有限公司侵犯商标专用权纠纷案

擅自将自己的商标标识完全覆盖商品本身商标并将更换商标的商品又投入市场的构成反向假冒商标侵权。案例要旨：经合法购买他人标注有商标的商品后，未经商标权人同意，擅自将自己的商标标识完全覆盖商品本身商标，使整个商品看不出是由原商标权人所生产，并将更换商标的商品又投入市场，实际上是一种商标反向假冒侵权行为。商标反向假冒的侵权行为其行为表现形式虽然与其他商标侵权行为不同，但在行为性质上并无实质差别，同样损害了他人的商标专用权，影响了商标功能的正常发挥，欺骗了消费者，造成商品流通秩序的混乱，侵权人应承担停止侵害、赔偿损失的民事责任。

5.3 版权及集成电路布图侵权、人力资源流动与商业秘密保护

5.3.1 版权及集成电路布图侵权

5.3.1.1 版权

版权是指对文学、艺术和科学作品的独占性权利，通常包括复制权、发行权、展览权、表演权、放映权、广播权、信息网络传播权以及改编权和翻译权等。版权的主要目的是，保护作者或其他合法权利人的创作成果，以激励其进行创作，并确保其在作品上享有合理的经济收益。版权保护的是作品的具体表现形式，而不是作品所包含的思想、概念、原理或数据。这意味着，虽然作品的表达形式受到保护，但其他人可以基于相同的概念或原理创作出新的作品。版权侵权是指未经版权所有者许可，擅自复制、发行、展示、表演、播放或以其他方式使用受版权保护的作品。

在再制造产业中，争议的焦点主要集中在以下三个方面：一是原材料来源问题。再制造产业通常使用废旧产品作为原材料，这些产品可能涉及侵权复制品。若使用侵权复制品作为原材料进行再制造，可能会构成间接侵权。二是再制造过程中的复制行为。在再制造过程中，有时需要对原产品进行复制或仿制，以修复损坏的部分或替换丢失的部件。若未经原作者许可而进行复制，可能构成直接侵权。三是销售渠道与市场推广。再制造产品销售过程中，若使用原产品的商标、专利或版权标识，而未获得原作者的许可，可能构成商标侵权或版权侵权。如汽车产品再制造中对电控发动机的再制造涉及控制软件的改动、升级或重新编写等行为，在没有得到厂家授权的情况下容易造成对软件著作权的侵犯。

5.3.1.2 集成电路布图

集成电路布图包含了电路的具体设计和结构，是制造集成电路的关键信息之一。集成电路布图专有权是一种知识产权，专门用于保护集成电路布图的设计。这种专有权使得设计者能够控制其布图在商业上的使用，并在未经许可的情况下防止他人复制、制造、销售或进口相同或类似的集成电路布图。通常集成电路布图专有权通过专利权来保护，设计者需要向专利局提交申请，并在获得批准后，才能获得专利保护。集成电路布图专有

权的保护期通常较短，一般为 10 年。

集成电路布图设计专有权和著作权都是知识产权的一种形式，但它们在涵盖范围、保护对象和维权方式等方面有所不同。在范围和对象方面，集成电路布图设计专有权是专门针对集成电路布图设计的知识产权，主要保护的是集成电路布图的整体结构、排列以及其中元件之间的布局连接关系等。它保护的是设计本身，而非其中的具体功能。著作权则更广泛，不仅适用于集成电路布图设计，还适用于文学、音乐、艺术和软件等各种创作。著作权保护的是作者对作品的独创性表达，而不管作品具有何种功能。在保护对象的要求上，集成电路布图设计专有权通常要求设计具有原创性和创新性，即要求设计在技术上有一定的新颖性和独创性。著作权要求作品具有独创性，即作者以个人的智力劳动创作出来的表现形式，不必满足新颖性或者创新性的要求。集成电路布图设计专有权主要涉及未经授权的复制、制造、销售等行为，侵权行为可能包括未经许可的仿制和逆向工程等。维权通常通过法律诉讼或其他法律手段进行。著作权的侵权行为包括未经许可的复制、传播、展示、表演等行为，维权方式可以是提起民事诉讼、要求停止侵权、索赔损失等。

5.3.2　人力资源流动与商业秘密保护

5.3.2.1　引言

在市场经济环境下，商业秘密是企业的重要财产权利，与企业的核心竞争力息息相关，以技术秘密或经营秘密的方式助推企业的发展和成长，有时核心的商业秘密甚至可能决定企业的生死存亡。在日趋激烈的市场竞争中，人力资源对于企业的生存发展起着举足轻重的作用，这些人或掌握着企业的核心技术、重要资源，或职高权重等，决定着企业在同行业、同领域的竞争力。伴随人力资源结构的改变以及经济的不断发展，人力资源间的竞争也愈加复杂激烈，人力资源流动也成为一种新常态。提倡适当合理的人力资源流动，这既体现了人身的自由，也体现了社会经济的不断进步。而在现代市场经济活动中，随着人力资源流动而引发商业秘密大量泄露的现象层出不穷，因此采取合理适当的措施防止人力资源流动中的商业秘密泄露已成为迫切需要解决的问题。

我国有关商业秘密的立法较晚且分散于其他法律体系之中，以至于对商业秘密保护的内容不统一，体系尚未成熟，相关具体规定模糊，核心内容和程序尚未明确。目前，我国商业秘密的保护相比于发达国家和国际公约的规定还有一定的差距，因此本书在梳理我国现行商业秘密法律保护的基础上，对比分析美国、英国、德国、日本和 TRIPS 协议等相关法律条款，借鉴国外先进经验，为完善我国商业秘密法律体系，强化商业秘密保护，为人力资源流动中造成商业秘密流失提供对策建议。

5.3.2.2　国内外人力资源流动中商业秘密保护现状

（1）国外商业秘密法律保护现状

第一，英美法系国家对商业秘密的保护。

美国是最早构建并完善商业秘密法律保护体系的国家之一。作为判例法国家，美国的商业秘密保护法律制度体系是通过长期判例积累起来的，并以《统一商业秘密法》作为执行准则。美国主要采取禁令救济和侵权赔偿的方式来保护商业秘密，并明确规定了禁令救济原则、适用前提、限制条件、时间范围及例外。禁令救济即指侵权者侵犯商业秘密时禁止再次泄露和使用，并且案件不公开审理。其有三种基本类型：一是暂时限制令，其是在诉讼前适用的一种禁令；二是先行禁令，即审判前的预先禁令；三是终局禁令，其是判决后正式发布的禁令，是对案件的最后裁决。

英国早在 19 世纪或更早的时期就审理过有关商业秘密的案件，也是世界上对商业秘密进行保护最早的国家之一，其保护商业秘密的主要方式沿用判例法，至今已有 200 年的历史。

第二，大陆法系国家对商业秘密的保护。

大陆法系国家借鉴了英美法系国家商业秘密法律保护的司法实践所形成的法律保护制度体系，诸多国家在《反不正当竞争法》中制定了保护商业秘密的相关条款。其中，最为典型的是德国。德国主要通过《反不正当竞争法》对商业秘密实施保护，是大陆法系国家的典型代表。《反不正当竞争法》列举了侵犯商业秘密的主要方式和权利人被侵权时可采取的法律救济，但未定义商业秘密的概念及构成要件，仅仅以判例的形式间接地解释了商业秘密。德国的《反不正当竞争法》对于侵权损害采用刑事处罚是众多国家中对其处罚最为严厉的，由此可以看出德国对于商业秘密保护的重视。制裁侵犯商业秘密的行为，不仅可以保护权利人的合法权益，更重要的是可以威慑潜在的侵犯商业秘密者，从而遏制不正当竞争，营造公平竞争的市场环境。

日本是大陆法系国家的另一个典型代表。第二次世界大战后，日本迅速进入经济恢复期，通过大量引进西方技术，成功实施了模仿创新。与此同时，日本也引进了西方的商业秘密法律制度。而在此前，日本商业秘密的保护分散在《侵权行为法》《契约法》《刑法》等法律中。随着全球化的进程，商业秘密法律保护体系化也成为全球共识，日本也加快了其商业秘密的立法步伐。1990 年，日本第 118 届国会通过并公布了修改后的《不正当竞争防止法》，标志着商业秘密法律保护制度在日本正式确立。日本《不正当竞争防止法》定义了商业秘密，并详细列举了六种侵害商业秘密的行为。日本理论界普遍认为，保护商业秘密是维持竞争秩序的需要。这种从对社会公共秩序的调整这一高度出发来认识保护商业秘密的意义的理论，具有一定的合理性。

第三，国际条约中关于商业秘密保护的规定。

国际上商业秘密的保护最早在《保护工业产权巴黎公约》中提及，但其并未对商业秘密保护进行直接规定，而只在不正当竞争条款中有所体现，但这却成为往后国际条约保护商业秘密的蓝本。与贸易有关的知识产权协议（TRIPS 协议）首次明确规定了商业秘密的法律地位及商业秘密保护的具体规定，TRIPS 协议的签署与颁布开启了国际保护商业秘密的里程碑。签署 TRIPS 协议的国家将采取统一的保护模式和操作标准，促使商业秘密保护全球化突飞猛进。TRIPS 协议在商业秘密保护历史上占有举足轻重的地位，其明确规定了权利人的权利、侵权行为、商业秘密保护的范围以及政府的义务等。在国际上商业秘密保护已备受关注，其体现了商业秘密的价值。

（2）我国商业秘密法律保护现状

我国在 1991 年颁布的《中华人民共和国民事诉讼法》中采用了"商业秘密"这一术语，从此商业秘密登上了我国的法律史册。在此之前我国的法律法规中均未见其身影，只有技术秘密和经营秘密等术语在相关的法律法规中有所提及。1993 年，我国实施了《中华人民共和国反不正当竞争法》，正式开启了商业秘密保护的历程，其规定了商业秘密的概念、构成要件、侵权类型以及侵权后的救济等。1995 年，《关于禁止侵犯商业秘密行为的若干规定》由国家工商行政管理局颁布并实施，其较为明确地对商业秘密法律保护相关问题作出规定。随后，1997 年我国修订《中华人民共和国刑法》时纳入了商业秘密侵权犯罪的规定。目前，我国尚未对商业秘密实施单独立法保护，相关概念、术语、程序及赔偿的规定也分散于相关法律文件中。国家相继颁布了一系列法律法规，相关部门也出台了若干规范性文件。这些规范性文件和意见为加强人力资源流动中的商业秘密管理提供了依据。尤其是《关于加强科技人员流动中技术秘密管理的若干意见》，对于如何正确处理科技人员流动中所涉及的国家、单位和个人三者的利益关系，鼓励正当人力资源流动，制止在流动中对国家科学技术秘密和单位技术秘密的侵犯行为等有关具体政策界限和管理措施进行明确规定。上述规定的实施，既规范了人力资源流动中商业秘密保护，又降低了侵权现象的产生，平衡了员工与企业间的利益关系。

5.3.2.3 我国商业秘密保护的困境

对于商业秘密的法律保护，目前我国还没有专门的"商业秘密保护法"，虽有若干相关法律法规，但都比较分散，并且部分条款规定模糊、操作性不足，在法律保护、维权保密方面凸显"发现难、取证难、起诉难、判决难、执行难"等困境。具体可归纳如下：

（1）权属性质不明，保护主体缺失。我国现行有关保护商业秘密的法律中并未对其权属性质作出明确的定位。作为商业秘密保护最为基础直接的《中华人民共和国反不正当竞争法》也未明确其性质，其使得在一部分人的意识中认为商业秘密仅仅属于一种竞争手段。而将商业秘密的主体限定为"经营者"，即意味着那些单纯从事发明创造的自然人、法人或其他组织就不被纳入商业秘密法律保护的范畴。

（2）相关法律规定过于分散，实际操作困难。商业秘密作为财产权，应对其处分、使用、转让、许可使用等进行规定，但目前尚未有完整具体的相关法律规定。《中华人民共和国反不正当竞争法》第十条规定了经营者不得采用侵犯商业秘密的三种手段，但过于笼统、抽象，缺乏可操作性，实质上仅能实现商业秘密的弱保护，实际保护的可行性不够，实践效果并不理想。并且《中华人民共和国反不正当竞争法》所调整的是经营者，对员工侵害企业商业秘密的法律责任未作出明确规定，但人力资源流动过程中的员工恰恰是造成商业秘密泄露的主体。而《中华人民共和国劳动法》则仅在第二十二条中作出了原则性的规定，即可以约定员工保守单位商业秘密的有关事项。因此，应尽快制定专门保护商业秘密的法律，以加大其保护力度。

（3）诉讼程序规定。商业秘密只有当其处于相对保密的情况下才得以实现价值，一旦商业秘密公开，权利人极易丧失其独占特性。《中华人民共和国民事诉讼法》规定了可以不公开审理商业秘密案件，但在诉讼程序中如何保护其秘密性以及不被再次泄露、举证责任等问题缺乏明确的规定。这些都是有待解决的司法实践问题。

（4）政府主管部门保密义务规定的缺乏。目前，我国商业秘密保护的有关法律未强调政府主管部门保护向其提供的商业秘密的义务，这是我国商业秘密保护中较为明显的缺陷。如政府主管部门以提交未公开的测试数据或其他数据作为批准一种采用新化学成分的药品或农业化学产品投放市场的许可条件，则政府主管部门需担负对这些数据保密的义务。

（5）惩罚规定过于宽松而难以实施。《中华人民共和国反不正当竞争法》中处罚侵犯商业秘密为"根据情节处以一万元以上二十万元以下的罚款"和"没收侵权行为所获得的利润以及合理费用"，但此规定并不全面合理。虽然最高人民法院放宽了处罚范围的解释，但其力度远远不够。而《中华人民共和国刑法》虽然规定了严厉的惩罚，但其"造成重大损失"认定起来难度也很大。多数基层人民法院反映相关法律法规过于原则性难以把握界限，在实际中也难以操作，导致诉而不审、审而不判、判而不行的现象出现。这种分散的立法模式是引起司法实践中无所适从及打击不力的导火索。对于上述问题，《关于禁止侵犯商业秘密行为的若干规定》都有所涉及，并弥补了《中华人民共和国反不正当竞争法》关于商业秘密保护的不足。然而，由于该规定是原国家工商行政管理局职权范围内发布的调整部门管理事项的规范性文件，其执行效果难以预期。因此，为了切实保护商业秘密及权利人的合法权益，维护我国市场经济秩序，借鉴并制定完善的"商业秘密保护法"势在必行。

5.3.2.4　完善我国人力资源流动中商业秘密保护的对策

（1）在实体法上的完善。

第一，确定合理的竞业禁止补偿。竞业禁止的适用虽然一定程度上保护了企业的商业秘密，但也限制了人们的择业及劳动报酬权，对此企业应给予相应的经济补偿。目前，我国尚无统一的补偿额度标准。但实践中，珠海市、深圳市等一些地方相继出台了有关企业技术秘密保护条例，其中均对于竞业禁止的补偿进行了规定，这些都为制定合理的竞业禁止补偿额提供了帮助和参考价值。

第二，增设商业秘密侵权惩罚性赔偿。我国的立法保护较其他国家有一定的差距，《中华人民共和国反不正当竞争法》采用补偿金赔偿对其处罚，此处罚过轻且无法产生威慑力。因此，可借鉴美国《统一商业秘密法》对于商业秘密侵权的做法，增设惩罚性赔偿，并将两者相结合，加大了惩罚力度，以遏制故意或恶意的侵权行为。同时，可以借鉴美国的做法，即当侵权人存在恶意不执行判决行为时，可以追加判决其赔偿权利人律师费用的规定，以解决执行困难的问题。

第三，统一侵犯商业秘密罪量刑标准。我国刑法列举了商业秘密侵权行为且仅造成重大损失时才成立犯罪，这样的规定会让一些侵权者逃避制裁。我国刑法将侵犯商业秘密作为一个罪名，且将不同的侵权行为方式适用同一刑罚处罚，这样有碍其威信的发挥。因此，应将侵犯商业秘密作为一类罪名，借鉴美国、德国及日本等的做法，根据侵权者主观、行为性质、社会危害性等合理地划分罪名且给予适当的惩罚，不可一概而论。

第四，规范人力资源中介机构的行为。目前，我国尚无专门规范人力资源中介机构尤其是猎头公司行为的法律法规，以至于其挖走企业人力资源、侵犯他人商业秘密的现象十分突出。因此有必要对猎头公司的行为进行规范，健全各种劳动法规，完善猎头公司章程，贯彻人力资源服务标准，实现劳动力市场竞争行为的规模化、制度化、法治化。

第五，制定专门的商业秘密保护法。鉴于我国保护商业秘密的立法现状及未来趋势和国际趋势，我国有必要在借鉴国外保护商业秘密的成熟经验以及总结国情的基础上尽快出台"商业秘密保护法"。这样既有利于对商业秘密保护的全面了解，也利于审理商业秘密案件时对法律的适用。

（2）在程序法上的完善。

第一，完善审理程序。在漫长的诉讼过程中商业秘密仍有可能遭受二次泄露。为此，可以借鉴国外可行的保密措施完善我国审理程序，例如：限制知悉该案件人员且不准随意交流案情；在诉讼过程中依被告知晓商业秘密的范围进行举证，而对于重要的核心部分或者未知的商业秘密仅需向合议庭陈述；有关商业秘密的证据文件以调查记录形式代替书证，省略有关书证的复制件，只需事先与法官充分交换意见，引起法官的充分认识即可；在制作法律文书时，只涉及有关名词和结论，不涉及其内容；案件审理结束后，所涉及的资料一并归入案卷且实行专人归档并加密保管。

第二，完善举证责任。在司法实践中，我国可借鉴日本与美国关于权利人与侵权人在诉讼中的举证责任规定。日本要求权利人仅对侵权人是否非法接触以及是否使用了其商业秘密进行举证，侵权人在抗辩时则必须证明其是合法途径取得，否则将被推定为侵权。美国规定了权利人需要举证商业秘密侵权所导致的损失额。但是，在司法实践中，侵权人应证明其部分或全部利润非侵权所得，否则会面临全额赔偿的风险。鉴于商业秘密侵权行为复杂隐蔽，权利人举证常会失败，因此在立法上规定商业秘密侵权诉讼中举证责任倒置是非常必要的。

第三，建立禁令制度禁令。制度的设立源于对商业秘密的秘密性的充分认识。美国《反不正当竞争法重述》和《统一商业秘密法》均对禁令做出规定，防止权利人遭受"二度伤害"。同时 TRIPS 协议也规定禁令是司法救济知识产权侵权的必要措施。我国相继对著作权法、专利法、商标法增设了禁令规定，但未对商业秘密进行相应的规定。因此，我国可以学习、借鉴美国的做法，建立我国专属的商业秘密禁令救济制度。将禁令作为商业秘密保护体系中的救济措施之一，这也是最终实现其实体救济权的必要手段。

6 供应链视角下再制造产业的
知识产权许可策略研究

    本章重点研究了三个相关的主题。一是考虑政府补贴的差别定价闭环供应链及契约协调机制研究，针对政府补贴下的差别定价闭环供应链以及契约协调机制下的决策问题，作为市场主导者的制造商，可以通过调整自身再制品的批发价格，分享与政府补贴零售商所带来的效益，因而制造商在整个政府补贴机制下具有更高的议价能力。在集中式决策闭环供应链中，两类产品的销售价格都会降低，再制品需求量上升，能够实现比分散式决策闭环供应链更高的利润。为了弥补分散式决策闭环供应链下所产生的效率损失，通过设计收益共享契约机制和数量折扣契约机制，制造商与零售商协商和控制利润共享比例来实现分散式决策闭环供应链协调。二是专利保护下闭环供应链的再制造策略研究，讨论了专利保护下原制造商对旧产品再制造采取的策略，包括 N 策略、O 策略和 A 策略，指出只有第三方节省成本足够低时，原制造商才会选择 A 策略。研究构建了一个涉及制造商、再制造商和零售商的闭环供应链动态博弈模型，分析了专利产品再制造的决策优化与授权许可策略，强调再制造成本节约的重要性和专利产品再制造的经济效益分配。三是专利产品再制造背景下闭环供应链的决策优化与授权许可策略，研究了专利产品再制造构成的一类特殊闭环供应链的决策优化问题，制造商是专利产品的权利人，授权许可再制造商回收旧产品并进行再制造。通过建立由参与方构成的三阶段动态博弈模型，研究了这类闭环供应链中各主体的最优决策以及专利授权许可费。研究结果表明，回收再制造最直接的经济动因是再制造成本节约，当其增加时，再制造商的回收努力程度将提高。

6.1 考虑政府补贴的差别定价闭环供应链及契约协调机制研究

循环经济纵深发展和"两型社会"深入建设的共同点在于资源节约和环境保护，然而废旧品造成的环境污染和资源浪费现象一直是制造业企业和政府面临的热点问题。早在 2013 年，国家发展改革委等五部门就联合下发了《关于印发再制造产品"以旧换再"试点实施方案的通知》，明确支持废旧品回收再制造工程和再制品的市场推广使用，提高废旧品的回收率，通过吸引消费者购买再制品，扩大再制品的市场份额。闭环供应链的发展理念在于强调产品管理应从产品全生命周期实施。企业不仅有提供新产品的责任，也有承担废旧品回收再制造的义务。

6.1.1 引言

在不考虑政府机制的作用下，一些学者对废旧品回收再制造闭环供应链中的制造商与零售商的决策问题展开了研究。Savaskan 等（2004）在将废旧品的回收率作为决策变量、回收价格作为外生变量的基础上，分析了闭环供应链各节点企业分别回收废旧品时闭环供应链的优化问题，得出当零售商进行废旧品回收时，实现了闭环供应链的经济效益与生态效益最优的结论。Ferrer 等（2006）研究了当存在双寡头垄断市场以及完全垄断市场时的制造商利润最大化决策问题。在文献的基础上，Atasu（2013）研究了由废旧品回收量以及回收率构成的回收成本结构对制造商回收渠道选择所造成的影响问题。熊中楷等（2011）基于知识产权保护的视角，研究了第三方回收商在获得制造商专利许可下的闭环供应链回收再制造决策问题，进而通过运用两部契约法实现了闭环供应链的协调。可是，这些研究无一例外的假设前提是新产品与再制品的销售价格无差异。实际中，国家的法律法规的要求①以及消费者对再制品存在偏见，新产品与再制品的市场销售价格存在一定差异。Debo（2005）在研究不同消费者偏好的基础上，对新产品与再制品实行差别定价，并分析了技术选择对再制造闭环供

---

① 政府"以旧换再"试点方案要求试点企业应在经销商处设立说明标志，并向消费者说明国家再制补贴金额与明确的再制品标志。

应链水平的影响。Ferrer 等（2010）从产品生命周期的不同阶段，研究了新产品与再制品存在差别定价的闭环供应链决策问题。郑克俊等（2012）探讨了对废旧品回收价格以及新产品和再制品销售价格进行差别定价情形下的闭环供应链最优利润和契约机制问题。颜荣芳（2013）研究了不同回收决策模式下新产品与再制品存在差别定价的定价策略问题。

无论是制造商还是零售商，都是以追求自身利益最大化为根本目标，本身缺乏进行废旧产品回收再制造活动的主动性，需要提供足够的外部动力来激励制造商与零售商积极参与废旧品回收再制造活动，因而政府作用的发挥至关重要。Webster（2007）等研究了闭环供应链节点企业的最优利润和社会整体效应在不同政府回收立法下的影响问题。Aksen 等（2009）探讨了立法性政策以及支持性政策两种不同类型政策下的政府补贴制造商的闭环供应链决策问题。Mitra（2008）研究了政府分别补贴制造商、再制造商以及同时补贴二者时的闭环供应链决策问题，得出在同时补贴给制造商与再制造商的情形下，制造商在最初设计产品时就会考虑到废旧品的回收再制造需要，从而积极参与再制造的活动的结论。Atasu 等（2009）研究了政府回收政策的效率性问题，以及总结了实现效率最优的条件。Atalay（2009）等分析了政府奖惩政策对废旧品回收的影响，并讨论了回收立法的有效性问题。国内学者熊中楷等（2011）研究了在制造商、零售商以及第三方回收商分别回收废旧品的不同回收模式下，比较了有无政府奖励下的闭环供应链决策问题，研究得出政府实施奖励后闭环供应链成员利润均会提高的结论。马卫民等（2012）从企业、消费者以及闭环供应链整体规模的角度研究了政府"以旧换新"政策对闭环供应链决策的影响问题。王文宾（2013）则考虑了当市场中存在双寡头以及多寡头的情况下，对政府奖惩下制造商竞争的闭环供应链系统决策进行了研究。张曙红等（2014）则探讨了当新产品与再制品存在异质时的政府奖惩机制对闭环供应链差别定价的决策影响问题。

综上所述，目前关于闭环供应链废旧品回收再制造的研究，大多是基于废旧品回收再制造闭环供应链节点企业的决策问题和回收渠道的选择性问题研究，已有的涉及政府补贴政策的探讨也局限于对废旧品回收模式以及再制造定价决策的影响方面，没有考虑到废旧品与新产品同质时的差别定价问题，且对政府补贴下的闭环供应链差别定价和契约协调机制的研究鲜有涉及。基于以上原因，本书展开对政府补贴下闭环供应链的差别定价及契约协调机制的研究，探讨政府分别补贴制造商与零售商时的闭环供应链决策问题。

6.1.2 研究假设与符号说明

讨论制造商为主导者的单一制造商与单一零售商组成的闭环供应链，假设条件有四个。

假设1：消费者存在不同的消费偏好，且对再制品的认可度不足，因而再制品的市场规模小于新产品的市场规模。

假设2：市场上存在足够多的废旧品且回收的废旧品全部用于再制造，一单位的废旧品只能制造一单位的再制品，所以消费者对再制品的需求量就为废旧品的回收量。

假设3：制造商以及零售商都是以追求自身利益最大化为目标，且在风险中性和完全理性下做出决策。

假设4：政府对制造商和零售商分别进行补贴，GM 表示政府对制造商进行补贴的闭环供应链模式，GR 表示政府对零售商进行补贴的闭环供应链模式。

根据以上假设，本书的回收再制造闭环供应链结构见图6-1。

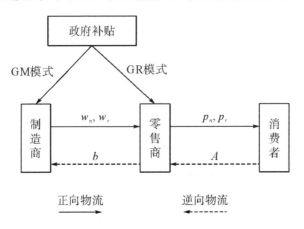

图6-1　差别定价回收再制造闭环供应链结构

本部分的符号定义如下：

w_n：制造商给予零售商的单位新产品的批发价格，为制造商的决策变量。w_r：制造商给予零售商的单位再制品的批发价格，为制造商的决策变量。c_n：制造商的单位新产品生产成本。c_r：制造商的单位再制品生产成本。b：制造商给予零售商的单位回收再制品的回收价格，因为制造商是理性的，追求利润最大化，所以会考虑废旧品再制造的经济性，所以有 $c_r + b \leq c_n$。

p_n：零售商的单位新产品销售价格，为零售商的决策变量。p_r：零售商的单位再制品销售价格，为零售商的决策变量。新产品与再制品在市场上存在竞争关系，新产品的需求函数为：$q_n = \theta_n - p_n + \mu p_r$；再制品的需求函数为：$q_r = \theta_r - p_r + \mu p_n$。其中，$\theta_n$：新产品的最大市场需求规模。$\theta_r$：再制品的最大市场需求规模。根据假设 1，有 $\theta_n \geq \theta_r$。$\mu(o < \mu < 1)$：两种产品的替代系数。A：零售商给予消费者的单位废旧品回收价格，因为零售商是理性的，所以有 $A \leq b$。

s：政府单位再制品补贴，且 $s \geq 0$；同时政府规定零售商必须以一定比例 $\delta(0 \leq \delta < 1)$ 的推广价格给购买再制品的消费者予以单位购买补贴。因为零售商是理性的，政府为保证零售商有足够的积极性销售再制品，所以政府的单位制造补贴应大于消费者的单位再制品购买补贴，所以有 $s \geq \delta(p_r - A)$。$\prod_i (i = M, R, SC)$ 分别表示制造商的利润函数、零售商利润函数以及闭环供应链的利润函数。上标 C、T、Q 分别表示集中式决策、收益共享契约机制以及数量折扣契约机制。标注"*"表示最优解。

6.1.3　集中式决策闭环供应链模型

在政府补贴下的集中式决策闭环供应链中，制造商与零售商双方共同决定单位新产品最优批发价格 w_n 以及单位再制品最优批发价格 w_r，单位新产品最优销售价格 p_n 和单位再制品最优销售价格 p_r。制造商和零售商以实现闭环供应链利润最大化为目标，所以集中式决策闭环供应链的利润函数为

$$\prod_{SC}^{C}(p_n, p_r) = (p_n - w_n)(\theta_n - p_n + \mu p_r) + [(1 - \delta)(p_r - A) - (w_r + b)](\theta_r - p_r + \mu p_n) + (w_n - c_n)(\theta_n - p_n + \mu p_r) + (w_r - c_r - b + s)(\theta_r - p_r + \mu p_n) \tag{6-1}$$

命题 1：在集中式决策闭环供应链中，当新产品最优销售价格 $p_n^C *$ 和再制品最优销售价格 $p_r^C *$ 满足：

$$p_n^C * = \frac{\mu(A - \theta_r)\delta^2 + [(3\theta_r - A - c_r + s)\mu + 2(\theta_n + c_n) - c_n\mu^2]\delta - 2(c_n + \theta_n + \mu\theta_r - c_n\mu^2)}{4(\delta - 1) + \mu^2(\delta - 2)^2}$$

$$p_r^C * = \frac{\begin{array}{c}(\delta - 2)(A\delta - A - c_r + s)\mu^2 + [(\theta_n + c_n)\delta - 2\theta_n]\mu + \\ 2\delta(A + \theta_r) - 2(\theta_r + c_r - s + A)\end{array}}{4(\delta - 1) + \mu^2(\delta - 2)^2}$$

新产品 $q_n^C *$，$q_r^C *$ 以及再制品的需求量满足：

$$q_n^C * = \frac{(\delta - 2)(\delta A - A - c_r + s)\mu^3 + (\delta\theta_n + 2c_n - 2\theta_n)(\delta - 1)\mu^2}{4(\delta - 1) + \mu^2(\delta - 2)^2} +$$

$$\frac{\begin{array}{c}[(\theta_r - A)\delta^2 + (3A - \theta_r - s + c_r)\delta + \\ 2(s - A - c_r)]\mu - 2(\delta - 1)(c_n - \theta_n)\end{array}}{4(\delta - 1) + \mu^2(\delta - 2)^2}$$

$$q_r^C * = \frac{[(2A - \theta_r)\delta - 2(c_r - s + A - 2\theta_r)]\mu^2 + [(\theta_n + c_n)\delta - 2c_n]\mu}{4(\delta - 1) + \mu^2(\delta - 2)^2} +$$

$$\frac{2\delta(\theta_r - A) - 2(s - A - c_r + \theta_r) - c_n(\delta - 2)\mu^3}{4(\delta - 1) + \mu^2(\delta - 2)^2}$$

集中式闭环供应链利润实现最大化。

证明：由式（6-1）可知，

$$\frac{\partial^2 \prod_{SC}^C(p_n^C, p_r^C)}{\partial p_n^{C2}} = -2 < 0$$

$$\frac{\partial^2 \prod_{SC}^C(p_n^C, p_r^C)}{\partial p_r^{C2}} = 2(\delta - 1) < 0$$

$$\frac{\partial^2 \prod_{SC}^C(p_n^C, p_r^C)}{\partial p_r^C \partial p_n^C} = \frac{\partial^2 \prod_{SC}^C(p_n^C, p_r^C)}{\partial p_n^C \partial p_r^C} = \mu(2 - \delta) > 0$$

所以，当 $4(1 - \delta) - u^2(\delta - 2)^2 > 0$ 时，式（6-1）的海塞矩阵

$$S^C = \begin{bmatrix} \dfrac{\partial^2 \prod_{SC}^C(p_n^C, p_r^C)}{\partial p_n^{C2}} & \dfrac{\partial^2 \prod_{SC}^C(p_n^C, p_r^C)}{\partial p_n^C \partial p_r^C} \\ \dfrac{\partial^2 \prod_{SC}^C(p_n^C, p_r^C)}{\partial p_r^C \partial p_n^C} & \dfrac{\partial^2 \prod_{SC}^C(p_n^C, p_r^C)}{\partial p_r^{C2}} \end{bmatrix}$$ 负定，为严格凹函数，存

在最优解。

对式（6-1）中的 p_n，p_r 分别求偏导，并令

$$\frac{\partial \prod_{SC}^C(p_n, p_r)}{\partial p_n} = 0, \frac{\partial \prod_{SC}^C(p_n, p_r)}{\partial p_r} = 0$$

得到一阶条件为

$$\frac{\partial \prod_{SC}^{C}(p_n, p_r)}{\partial p_n} = \theta_n - 2p_n + \mu p_r + [(1 - \delta)(p_r - A) - w_r + b]\mu +$$

$$(w_r - b - c_r + s)\mu \tag{6-2}$$

$$\frac{\partial \prod_{SC}^{C}(p_n, p_r)}{\partial p_r} = (p_n - w_n)\mu + (1 - \delta)(\theta_r - p_r + \mu p_n)(1 - \delta)(p_r - A) +$$

$$(w_n - c_n)\mu + c_r - s \tag{6-3}$$

联立式（6-2）、式（6-3），得到：

$$p_n^{C}* = \frac{\mu(A - \theta_r)\delta^2 + [(3\theta_r - A - c_r + s)\mu + 2(\theta_n + c_n) - c_n\mu^2]\delta - 2(c_n + \theta_n + \mu\theta_r - c_n\mu^2)}{4(\delta - 1) + \mu^2(\delta - 2)^2} \tag{6-4}$$

$$p_r^{C}* = \frac{(\delta - 2)(A\delta - A - c_r + s)\mu^2 + [(\theta_n + c_n)\delta - 2\theta_n]\mu + 2\delta(A + \theta_r) - 2(\theta_r + c_r - s + A)}{4(\delta - 1) + \mu^2(\delta - 2)^2} \tag{6-5}$$

将式（6-4）、式（6-5）代入式 $q_n = \theta_n - p_n + \mu p_r$，$q_r = \theta_r - p_r + \mu p_n$，求得：

$$q_n^{C}* = \frac{(\delta - 2)(\delta A - A - c_r + s)\mu^3 + (\delta\theta_n + 2c_n - 2\theta_n)(\delta - 1)\mu^2}{4(\delta - 1) + \mu^2(\delta - 2)^2} +$$

$$\frac{[(\theta_r - A)\delta^2 + (3A - \theta_r - s + c_r)\delta + 2(s - A - c_r)]\mu - 2(\delta - 1)(c_n - \theta_n)}{4(\delta - 1) + \mu^2(\delta - 2)^2}$$

$$q_r^{C}* = \frac{[(2A - \theta_r)\delta - 2(c_r - s + A - 2\theta_r)]\mu^2 + [(\theta_n + c_n)\delta - 2c_n]\mu}{4(\delta - 1) + \mu^2(\delta - 2)^2} +$$

$$\frac{2\delta(\theta_r - A) - 2(s - A - c_r + \theta_r) - c_n(\delta - 2)\mu^3}{4(\delta - 1) + \mu^2(\delta - 2)^2}$$

将式（6-4）、式（6-5）代入式（6-1），可得集中式闭环供应链的最优利润：

$$\prod_{SC}^{C}*(p_n^{C}*, p_r^{C}*) = (p_n^{C}* - w_n)(\theta_n - p_n^{C}* + \mu p_r) + [(1 - \delta)(p_r^{C}*$$

$$- A) - (w_r + b)](\theta_r - p_r^{C}* + \mu p_n^{C}*) + (w_n -$$

$$c_n)(\theta_n - p_n^{C}* + \mu p_r) + (w_r - c_r - b + s)(\theta_r -$$

$$p_r^C * + \mu p_n^C *)$$

证毕。

结论 1：在集中式决策闭环供应链中，$p_n^C *$ 和 $p_r^C *$ 是关于 s 的减函数，$q_n^C *$ 是关于 s 的减函数，$q_r^C *$、$\prod_{SC}^C *$ 是关于 s 的增函数。

证明：

$$\frac{\partial p_n^C *}{\partial s} = -\frac{\mu \delta}{4(1-\delta) - \mu^2(\delta-2)^2} < 0$$

$$\frac{\partial p_r^C *}{\partial s} = -\frac{2 + \mu^2(\delta-2)^2}{4(1-\delta) - \mu^2(\delta-2)^2} < 0$$

$$\frac{\partial q_n^C *}{\partial s} = -\frac{(\delta-2)\mu(\mu^2-1)}{4(1-\delta)\mu^2(\delta-2)^2} < 0$$

$$\frac{\partial q_r^C *}{\partial s} = -\frac{2(\mu^2-1)}{4(1-\delta) - \mu^2(\delta-2)^2} > 0$$

$$\frac{\partial \prod_{SC}^C *}{\partial s} = \frac{c_n(\delta-2)\mu^3 - [(2A-\theta_r)\delta - 2(c_r - s + A - \theta_r)]\mu^2 - [(\theta_n + c_n)\delta - 2c_n]\mu}{4(1-\delta) - \mu^2(\delta-2)^2}$$
$$- \frac{2(\theta_r - A)\delta + 2(s - A - c_r + \theta_r)}{4(1-\delta) - \mu^2(\delta-2)^2} > 0$$

证毕。

6.1.4　分散式决策闭环供应链模型

6.1.4.1　政府补贴制造商（GM 模式）

在 GM 模式下，首先制造商按自身利润最大化的原则确定单位新产品批发价格 w_n 以及单位再制品批发价格 w_r。然后，零售商以自身利润最大化为原则确定单位新产品销售价格 p_n 和单位再制品销售价格 p_r。在 GM 模式下，制造商、零售商以及闭环供应链的利润函数分别为

$$\prod_M^{GM} = (w_n - c_n)(\theta_n - p_n + \mu p_r) + (w_r - c_r - b + s)(\theta_r - p_r + \mu p_n) \tag{6-8}$$

$$\prod_R^{GM} = (p_n - w_n)(\theta_n - p_n + \mu p_r) + [(1-\delta)(p_r - A) - w_r + b](\theta_r - p_r + \mu p_n) \tag{6-9}$$

命题 2：在 GM 模式下，新产品最优销售价格 $p_n^{GM} *$、再制品最优销售

价格 $p_r^{GM}*$、新产品最优批发价格 $w_n^{GM}*$、再制品最优批发价格 $w_r^{GM}*$、新产品需求量 $q_n^{GM}*$ 以及再制品需求量 $q_r^{GM}*$ 分别满足：

$$p_n^{GM}*(w_n) = \frac{\{[(A-2\theta_r)\delta^2 + t\delta - 6\theta_r - c_n(\delta-2)^4]\mu^3 +}{2(\mu^2-1)[4(\delta-1)+\mu^2(\delta-2)^2]}$$

$$\frac{[3(c_n+2\theta_n)\delta - 4c_n - 6\theta_n]\mu^2}{2(\mu^2-1)[4(\delta-1)+\mu^2(\delta-2)^2]} +$$

$$\frac{[(\theta_r-A)\delta^2 - t\delta + 6\theta_r - \theta_n\delta^2]\mu - 2(\delta-1)(c_n+3\theta_n)\}}{2(\mu^2-1)[4(\delta-1)+\mu^2(\delta-2)^2]}$$

其中，$t = s - A - c_r + 7\theta_r$

$$p_r^{GM}*(w_n) =$$

$$\frac{(\delta-2)(\delta A - A + s - c_r)\mu^4 + [(c_n+5\theta_n)\delta - 6\theta_n - \theta_n\delta^2]\mu^3 +}{2(\mu^2-1)[4(\delta-1)+\mu^2(\delta-2)^2]}$$

$$\frac{[(c_r+6\theta_r+5A-s)\delta - 4(c_r+A-s) - 6\theta_r - (A+\theta_r)\delta^2]\mu^2}{2(\mu^2-1)[4(\delta-1)+\mu^2(\delta-2)^2]} +$$

$$\frac{[6\theta_n - (c_n+5\theta_n)]\mu - (2A+6\theta_r)\delta - 2(s-c_r-\theta_r-A)}{2(\mu^2-1)[4(\delta-1)+\mu^2(\delta-2)^2]}$$

$$w_n^{GM}* = \frac{c_n\mu^2 - c_n - \theta_n - \mu\theta_r}{2(\mu^2-1)}$$

$$w_r^{GM}* = \frac{(2b-s-A+A\delta+c_r)\mu^2 + \mu\theta_n(\delta-1) +}{2(\mu^2-1)}$$
$$\frac{(\theta_r-A)\delta + s - 2b - c_r + A - \theta_r}{2(\mu^2-1)}$$

$$q_n^{GM}* =$$

$$\frac{(\delta-2)(\delta A - A + s - c_r)\mu^3 + (\delta\theta_n + 2c_n - 2\theta_n)(\delta-1)\mu^2 +}{8(\delta-1)+2\mu^2(\delta-2)^2}$$
$$\frac{[(\theta_r-A)\delta^2 + (3A-\theta_r+c_r-s)\delta - 2(c_r+A-s)]\mu - 2(\delta-1)(c_n-\theta_n)}{8(\delta-1)+2\mu^2(\delta-2)^2}$$

$$q_r^{GM}* = \frac{[(2A-\theta_r)\delta + 2(\theta_r-c_r+s-A)]\mu^2 + [(c_n+\theta_n)\delta - 2c_n]\mu}{8(\delta-1)+2\mu^2(\delta-2)^2}$$
$$\frac{+2(\theta_r-A)\delta + 2(A-s+c_r-\theta_r) - c_n(\delta-2)\mu^3}{8(\delta-1)+2\mu^2(\delta-2)^2}$$

证明：在 GM 模式下，当 $4(1-\delta) - u^2(\delta-2)^2 > 0$，$\prod_R^{GM}$ 是 p_n^{GM}，p_r^{GM} 的严格凹函数，$\prod_M^{GM}$ 是 w_n^{GM}，w_r^{GM} 的严格凹函数，因而存在唯一最优解（海塞矩阵证明过程如命题 1 所示）。

对式 (6-9) 中的 p_n、p_r 分别求一阶偏导，联立 $\dfrac{\partial \prod_R^{GM}(p_n, p_r)}{\partial p_n} = 0$，$\dfrac{\partial \prod_R^{GM}(p_n, p_r)}{\partial p_r} = 0$，可得：

$$p_n^{GM} * = \frac{\mu(A - \theta_r)\delta^2 + [(b - w_r + 3\theta_r - A)\mu + 2(\theta_n + w_n) - w_n\mu^2]\delta - 2(w_n + \theta_n - w_n\mu^2 + \mu\theta_r)}{4(\delta - 1) + \mu^2(\delta - 2)^2} \quad (6\text{-}10)$$

$$p_r^{GM} * = \frac{(\delta - 2)(A\delta - w_r + b - A)\mu^2 + [(w_n + \theta_n)\delta - 2\theta_n]\mu + 2(A + \theta_r)\delta - 2(\theta_r + w_r - b + A)}{4(\delta - 1) + \mu^2(\delta - 2)^2}$$

$$(6\text{-}11)$$

将式 (6-10)、式 (6-11) 代入式 (6-8) 中，联立 $\dfrac{\partial \prod_M^{GM}(w_n, w_r)}{\partial w_n} = 0$，$\dfrac{\partial \prod_M^{GM}(w_n, w_r)}{\partial w_r} = 0$，可得：

$$w_n^{GM} * = \frac{c_n\mu^2 - c_n - \theta_n - \mu\theta_r}{2(\mu^2 - 1)} \quad (6\text{-}12)$$

$$w_r^{GM} * = \frac{(2b - s - A + A\delta + c_r)\mu^2 + \mu\theta_n(\delta - 1) + (\theta_r - A)\delta + s - 2b - c_r + A - \theta_r}{2(\mu^2 - 1)} \quad (6\text{-}13)$$

将式 (6-12)、式 (6-13) 代入式 (6-10)、式 (6-11) 中，求得：

$$p_n^{GM} * (w_n) = \frac{\{[(A - 2\theta_r)\delta^2 + t\delta - 6\theta_r - c_n(\delta - 2)^4]\mu^3 + [3(c_n + 2\theta_n)\delta - 4c_n - 6\theta_n]\mu^2}{2(\mu^2 - 1)[4(\delta - 1) + \mu^2(\delta - 2)^2]} +$$

$$\frac{[(\theta_r - A)\delta^2 - t\delta + 6\theta_r - \theta_n\delta^2]\mu - 2(\delta - 1)(c_n + 3\theta_n)\}}{2(\mu^2 - 1)[4(\delta - 1) + \mu^2(\delta - 2)^2]} \quad (6\text{-}14)$$

其中，$t = s - A - c_r + 7\theta_r$

$$p_r^{GM} * (w_n) =$$

$$(\delta - 2)(\delta A - A + s - c_r)\mu^4 + [(c_n + 5\theta_n)\delta - 6\theta_n - \theta_n\delta^2]\mu^3 +$$

$$\frac{[(c_r + 6\theta_r + 5A - s)\delta - 4(c_r + A - s) - 6\theta_r - (A + \theta_r)\delta^2]\mu^2}{2(\mu^2 - 1)[4(\delta - 1) + \mu^2(\delta - 2)^2]} +$$

$$\frac{[6\theta_n - (c_n + 5\theta_n)]\mu - (2A + 6\theta_r)\delta - 2(s - c_r - \theta_r - A)}{2(\mu^2 - 1)[4(\delta - 1) + \mu^2(\delta - 2)^2]} \quad (6\text{-}15)$$

由式（6-14）、式（6-15）可知：

$$q_n^{GM} * =$$

$$\frac{(\delta - 2)(\delta A - A + s - c_r)\mu^3 + (\delta\theta_n + 2c_n - 2\theta_n)(\delta - 1)\mu^2 +}{}$$

$$\frac{[(\theta_r - A)\delta^2 + (3A - \theta_r + c_r - s)\delta - 2(c_r + A - s)]\mu - 2(\delta - 1)(c_n - \theta_n)}{8(\delta - 1) + 2\mu^2(\delta - 2)^2}$$

$$q_r^{GM} * =$$

$$[(2A - \theta_r)\delta + 2(\theta_r - c_r + s - A)]\mu^2 + [(c_n + \theta_n)\delta - 2c_n]\mu +$$

$$\frac{2(\theta_r - A)\delta + 2(A - s + c_r - \theta_r) - c_n(\delta - 2)\mu^3}{8(\delta - 1) + 2\mu^2(\delta - 2)^2}$$

将式（6-12）、式（6-13）、式（6-14）、式（6-15）代入式（6-8）、式（6-9），可求得 GM 模式下的制造商与零售商的最优利润。

结论 2：在 GM 模式下，$p_n^{GM} *$、$p_r^{GM} *$、$q_n^{GM} *$ 是关于 s 的减函数；$q_r^{GM} *$ 是关于 s 的增函数；$w_n^{GM} *$ 与 s 无关；$w_r^{GM} *$ 是关于 s 的减函数。

证明：

$$\frac{\partial p_n^{GM} *}{\partial s} = \frac{-\delta\mu}{2[4(1 - \delta) - \mu^2(\delta - 2)^2]} < 0$$

$$\frac{\partial p_r^{GM} *}{\partial s} = -\frac{1}{2}\frac{(\delta - 2)\mu^4 + (4 - \delta)\mu^2 - 2}{(\mu^2 - 1)[4(1 - \delta) - \mu^2(\delta - 2)^2]} < 0$$

$$\frac{\partial q_n^{GM} *}{\partial s} = -\frac{1}{2}\frac{\mu(\mu^2 - 1)(\delta - 2)}{4(1 - \delta) - \mu^2(\delta - 2)^2} < 0$$

$$\frac{\partial q_r^{GM} *}{\partial s} = \frac{1 - \mu^2}{4(1 - \delta) - \mu^2(\delta - 2)^2} > 0$$

$$\frac{\partial w_n^{GM} *}{\partial s} = 0$$

$$\frac{\partial w_r^{GM} *}{\partial s} = -\frac{1}{2} < 0$$

证毕。

6.1.4.2 政府补贴零售商（GR 模式）

在 GR 模式下，制造商、零售商以及闭环供应链的利润函数分别为

$$\prod_M^{GR}(w_n, w_r) = (w_n - c_n)(\theta_n - p_n + \mu p_r) + (w_r - c_r - b)(\theta_r - p_r + \mu p_n) \tag{6-16}$$

$$\prod_R^{GR}(p_n, p_r) = (p_n - w_n)(\theta_n - p_n + \mu p_r) + [(1 - \delta)(p_r - A) - (w_r + b + s)(\theta_r - p_r + \mu p_n)] \tag{6-17}$$

命题 3：在 GR 模式下，新产品最优销售价格 $p_n^{GR}*$、再制品最优销售价格 $p_r^{GR}*$、新产品最优批发价格 $w_n^{GR}*$、再制品最优批发价格 $w_r^{GR}*$、新产品需求量 $q_n^{GR}*$ 以及再制品需求量 $q_r^{GR}*$ 分别满足：

$$p_n^{GR}* = \frac{\mu(A - \theta_r)\delta^2 + [t\mu + 2c_n + 6\theta_n - \mu^2 c_n]\delta - 4(3\theta_n + c_n - \mu^2 c_n + \mu\theta_r)}{8(\delta - 2) + \mu^2(\delta - 4)^2}$$

其中，$t = s - A - c_r + 7\theta_r$

$$p_r^{GR}* = \frac{(\delta - 4)(\delta A - A - c_r + s)\mu^2 + [(3\theta_n + c_n)\delta - 12\theta_n]\mu + 4(\theta_r + A)\delta - 4(c_r + A - s + 3\theta_r)}{8(\delta - 2) + \mu^2(\delta - 4)^2}$$

$$w_n^{GR}* = \frac{[c_n(\delta - 3)(\delta - 4)\mu^4 + \lambda\delta - 4\theta_r]\mu^3 + [(-\theta_n - c_n)\delta^2 + (13c_n + 2\theta_n)\delta - 4\theta_n - 24c_n]\mu^2}{[8(\delta - 2) + \mu^2(\delta - 4)^2](\mu^2 - 1)} + \frac{[(A - \theta_r)\delta^2 - \lambda\delta + 4\theta_r] - (6c_n + 2\theta_n)(\delta - 2)}{[8(\delta - 2) + \mu^2(\delta - 4)^2](\mu^2 - 1)}$$

其中，$\lambda = c_r - s + A + \theta_r$

$$w_r^{GR}* = \frac{[(A - c_r - b)\delta - (A + 4b + 3c_r + s)(\delta - 4)\mu^4] + [(5\theta_n - c_n)\delta - 4\theta_n - \theta_n\delta^2]\mu^3 + (A - b - \theta_r - c_r)\delta^2}{[8(\delta - 2) + \mu^2(\delta - 4)^2](\mu^2 - 1)} + \frac{(s + 16b - 9A + 15c_r + 4\theta_r)\delta - 4(2s - 6c_r - \theta_r + 2A - 8b)\mu^2 + [(c_n - 5\theta_n)\delta + 4\theta_n]\mu}{[8(\delta - 2) + \mu^2(\delta - 4)^2](\mu^2 - 1)} + \frac{(4A - 8c_r - 8b - 4\theta_r)\delta + 4\theta_r + 4(6b + s + 3c_r - A)}{[8(\delta - 2) + \mu^2(\delta - 4)^2](\mu^2 - 1)}$$

$$q_n^{GR}* = \frac{(\delta - 4)(\delta A - A - c_r + s)\mu^3 +}{8(\delta - 2) + \mu^2(\delta - 4)^2} + \frac{[\theta_n \delta^2 + (2c_n - 5\theta_n)\delta + 4(\theta_n - c_n)\mu^2]}{8(\delta - 2) + \mu^2(\delta - 4)^2} +$$

$$\frac{[(\theta_r - A)\delta^2 + (5A - s + c_r - 3\theta_r)\delta + 4(s - A - c_r)\mu - 2(\delta - 2)(c_n - \theta_n)]}{8(\delta - 2) + \mu^2(\delta - 4)^2}$$

$$q_r^{GR}* = \frac{[(4A - \theta_r)\delta - 4(A - s - \theta_r + c_r)]\mu^2 + [(3\theta_n + c_n)\delta - 4c_n]\mu + 4(\theta_r - A)\delta - 4(s - A - c_r + \theta_r) - c_n(\delta - 4)\mu^3}{8(\delta - 2) + \mu^2(\delta - 4)^2}$$

证明：

对式（16）中的 w_n^{GR}，w_r^{GR} 求一阶偏导并联立 $\frac{\partial \prod_M^{GR}}{\partial w_n} = 0$，$\frac{\partial \prod_M^{GR}}{\partial w_r} = 0$

可得：

$$w_n^{GR} = \frac{(c_n - p_n)\mu^2 - \mu\theta_r - \theta_n + p_n - c_n}{\mu^2 - 1} \qquad (6\text{-}18)$$

$$w_r^{GR} = \frac{(c_r - p_r + b)\mu^2 - \mu\theta_n - \theta_r + p_r - c_r - b}{\mu^2 - 1} \qquad (6\text{-}19)$$

将式（6-18）、式（6-19）代入式（6-17）中，分别对 p_n^{GR}，p_r^{GR} 求一阶偏导，并联立

$$\frac{\partial \prod_R^{GR}}{\partial p_n} = 0, \quad \frac{\partial \prod_R^{GR}}{\partial p_r} = 0$$

可得：

$$p_n^{GR}* = \frac{\mu(A - \theta_r)\delta^2 + [t\mu + 2c_n + 6\theta_n - \mu^2 c_n]\delta - 4(3\theta_n + c_n - \mu^2 c_n + \mu\theta_r)}{8(\delta - 2) + \mu^2(\delta - 4)^2} \qquad (6\text{-}20)$$

其中，$t = s - A - c_r + 7\theta_r$

$$p_r^{GR}* = \frac{(\delta - 4)(\delta A - A - c_r + s)\mu^2 + [(3\theta_n + c_n)\delta - 12\theta_n]\mu + 4(\theta_r + A)\delta - 4(c_r + A - s + 3\theta_r)}{8(\delta - 2) + \mu^2(\delta - 4)^2} \qquad (6\text{-}21)$$

将式（6-20）、式（6-21）代入式（6-18）、式（6-19）中，可得：

$$w_n^{GR} * = \frac{\begin{array}{l}[c_n(\delta - 3)(\delta - 4)\mu^4 + \lambda\delta - 4\theta_r]\mu^3 + \\ [(-\theta_n - c_n)\delta^2 + (13c_n + 2\theta_n)\delta - 4\theta_n - 24c_n]\mu^2 \end{array}}{[8(\delta - 2) + \mu^2(\delta - 4)^2](\mu^2 - 1)} +$$

$$\frac{[(A - \theta_r)\delta^2 - \lambda\delta + 4\theta_r] - (6c_n + 2\theta_n)(\delta - 2)\}}{[8(\delta - 2) + \mu^2(\delta - 4)^2](\mu^2 - 1)}$$

其中,

$$\lambda = c_r - s + A + \theta_r \qquad (6-22)$$

$$w_r^{GR} * = \frac{\begin{array}{l}(A - c_r - b)\delta - A + 4b + 3c_r + s)(\delta - 4)\mu^4 + \\ [(5\theta_n - c_n)\delta - 4\theta_n - \theta_n\delta^2]\mu^3 + (A - b - \theta_r - c_r)\delta^2 \end{array}}{[8(\delta - 2) + \mu^2(\delta - 4)^2](\mu^2 - 1)} +$$

$$\frac{\begin{array}{l}[s + 16b - 9A + 15c_r + 4\theta_r]\delta - \\ 4(2s - 6c_r - \theta_r + 2A - 8b)\mu^2 + [(c_n - 5\theta_n)\delta + 4\theta_n]\mu \end{array}}{[8(\delta - 2) + \mu^2(\delta - 4)^2](\mu^2 - 1)} +$$

$$\frac{(4A - 8c_r - 8b - 4\theta_r)\delta + 4\theta_r + 4(6b + s + 3c_r - A)]}{[8(\delta - 2) + \mu^2(\delta - 4)^2](\mu^2 - 1)} \qquad (6-23)$$

将命题 3 中的 $p_n^{GR} *$, $p_r^{GR} *$ 代入命题 2, 可得:

$$q_n^{GR} * = \frac{\begin{array}{l}(\delta - 4)(\delta A - A - c_r + s)\mu^3 + \\ \theta_n\delta^2 + (2c_n - 5\theta_n)\delta + 4(\theta_n - c_n)\mu^2 \end{array}}{8(\delta - 2) + \mu^2(\delta - 4)^2} +$$

$$\frac{\begin{array}{l}[(\theta_r - A)\delta^2 + (5A - s + c_r - 3\theta_r)\delta + \\ 4(s - A - c_r)\mu - 2(\delta - 2)(c_n - \theta_n)]\end{array}}{8(\delta - 2) + \mu^2(\delta - 4)^2}$$

$$q_r^{GR} * =$$

$$\frac{\begin{array}{l}[(4A - \theta_r)\delta - 4(A - s - \theta_r + c_r)]\mu^2 + \\ [(3\theta_n + c_n)\delta - 4c_n]\mu + 4(\theta_r - A)\delta - 4(s - A - c_r + \theta_r) - c_n(\delta - 4)\mu^3 \end{array}}{8(\delta - 2) + \mu^2(\delta - 4)^2}$$

将式 (6-20)、式 (6-21)、式 (6-22)、式 (6-23) 代入式 (6-16)、式 (6-17), 可求得 GR 模式下的制造商与零售商的最优利润。

结论 3: 在 GR 模式下, $p_n^{GR} * p_n^{GR} *$、$q_n^{GR} *$ 是关于 s 的减函数, $q_n^{GR} *$ 是关于 s 的增函数, $w_n^{GR} *$ 是关于 s 的增函数, $w_r^{GR} *$ 是关于 s 的增函数。

证明:

$$\frac{\partial p_n^{GR}*}{\partial s} = \frac{-\delta\mu}{8(2-\delta) - \mu^2(\delta-4)^2} < 0$$

$$\frac{\partial p_r^{GR}*}{\partial s} = -\frac{(\delta-4)\mu^2 + 2}{8(2-\delta) - \mu^2(\delta-4)^2} < 0$$

$$\frac{\partial q_n^{GR}*}{\partial s} = -\frac{\mu(\delta-4)(\mu^2-1)}{8(2-\delta) - \mu^2(\delta-4)^4} < 0$$

$$\frac{\partial q_r^{GR}*}{\partial s} = \frac{4(1-\mu^2)}{8(2-\delta) - \mu^2(\delta-4)^2} > 0$$

$$\frac{\partial w_n^{GR}*}{\partial s} = \frac{\delta\mu}{8(2-\delta) - \mu^2(\delta-4)^2} > 0$$

$$\frac{\partial w_r^{GR}*}{\partial s} = \frac{(\delta-4)\mu^4 - (\delta-8)\mu^2 - 4}{(\mu^2-1)[8(2-\delta) - \mu^2(\delta-4)^2]} > 0$$

证毕。

6.1.5 政府补贴背景下差别定价闭环供应链契约协调决策模型

6.1.5.1 收益共享契约协调策略

在本书的收益共享契约模型中，假设政府直接补贴制造商，制造商向零售商提供契约。制造商向零售商分别以 w_n^T，w_r^T 的价格向零售商批发新产品以及再制品，零售商在售出两种产品之后，制造商分享 $(1-\eta)p_n(\theta_n - p_n + \mu p_r)$ 的新产品销售利润，$(1-\eta)p_r(\theta_r - p_r + \mu p_n)$ 的再制品销售利润，其中 $\eta \in (0, 1)$。为了能够体现收益共享下的零售商新产品以及再制品的最优订购量，由 $q_n = \theta_n - p_n + \mu p_r$，$q_r = \theta_r - p_r + \mu p_n$ 可以得到：

$$p_n = \frac{\theta_n - q_n + \mu(\theta_r - q_r)}{1-\mu^2}, \quad p_r = \frac{\theta_r - q_r + \mu(\theta_n - q_n)}{1-\mu^2}$$

将上式代入式（6-8）、式（6-9），此时制造商与零售商的利润函数为

$$\prod_M^T = \left\{ (1-\eta)\left[\frac{\theta_n - q_n + \mu(\theta_r - q_r)}{1-\mu^2}\right] + (w_n - c_n) \right\} q_n +$$

$$\left\{ (1-\eta)\left[\frac{\theta_r - q_r + \mu(\theta_n - q_n)}{1-\mu^2}\right] + (w_r - c_r - b + s) \right\} q_r$$

$$(6-24)$$

$$\prod_R^T = \left\{ \eta\left[\frac{\theta_n - q_n + \mu(\theta_r - q_r)}{1-\mu^2}\right] - w_n \right\} q_n + \left\{ \eta(1- \right.$$

$$\delta)\left[\frac{\theta_r - q_r + \mu(\theta_n - q_n)}{1 - \mu^2} - A\right] - w_r + b\}\, q_r \qquad (6-25)$$

$$\prod_{SC}^{T} = \left[\frac{\theta_n - q_n + \mu(\theta_r - q_r)}{1 - \mu^2} - c_n\right] q_n + \{(1 -$$

$$\eta\delta)\left[\frac{\theta_r - q_r + \mu(\theta_n - q_n)}{1 - \mu^2}\right] - A\eta(1 - \delta) + s - c_r\}\, q_r \qquad (6-26)$$

结论 4：当收益共享契约为 (w_n, w_r, η) 时，分散式决策闭环供应链实现协调，并且闭环供应链的成员可以通过协商来确定契约参数 $\eta(0 < \eta < 1)$ 的值。当

$$w_n^T * = \eta\, c_n$$

$$w_r^T * = \frac{\left[(pr - A)\delta + A\right]\eta^2 + \left[(\delta - 1)(A - pr) + c_r - pr + s\right]\eta + bqr}{qr}$$

满足 $\prod_R^T (q_n, q_r) = \eta \prod^C (q_n, q_r)$，闭环供应链实现协调。

证明：由零售商的利润函数是集中式决策闭环供应链利润函数的仿射函数，即 $\prod_R^T = \eta \prod^c + \chi$，可知：

$$\{\eta\left[\frac{\theta_n - q_n + \mu(\theta_r - q_r)}{1 - \mu^2}\right] - w_n\}\, q_n + \{\eta(1-\delta)\left[\frac{\theta_r - q_r + \mu(\theta_n - q_n)}{1 - \mu^2} - \right.$$

$$A\right] - w_r + b\}\, q_r = \left[\eta\, \frac{\theta_n - q_n + \mu(\theta_r - q_r)}{1 - \mu^2} - \eta\, c_n\right] q_n + \{\eta(1 -$$

$$\eta\delta)\left[\frac{\theta_r - q_r + \mu(\theta_n - q_n)}{1 - \mu^2}\right] - A\,\eta^2(1 - \delta) + \eta s - \eta c_r\}\, q_r$$

所以 $w_n^T * = \eta\, c_n$，$w_r^T * =$

$$\frac{\left[(pr - A)\delta + A\right]\eta^2 + \left[(\delta - 1)(A - pr) + c_r - pr + s\right]\eta + bqr}{qr}$$

对于任意的 $\eta(0 < \eta < 1)$，将收益共享契约 (w_n, w_r, η) 中的 w_n^T，w_r^T 代入式（6-25）、式（6-26），满足 $\prod_R^T (q_n, q_r, \eta) = \eta \prod_{SC}^C (q_n, q_r)$，即零售商的利润函数是集中式决策闭环供应链利润函数的仿射函数，实现了分散式决策闭环供应链的协调。

证毕。

6.1.5.2 数量折扣契约协调策略

在本书的数量折扣契约中，假设政府直接补贴给制造商，制造商向零售商提供契约。为了能够体现数量折扣下的零售商的新产品以及再制品的

最优订购量，由 $q_n = \theta_n - p_n + \mu p_r$，$q_r = \theta_r - p_r + \mu p_n$ 可以得到：

$$p_n = \frac{\theta_n - q_n + \mu(\theta_r - q_r)}{1 - \mu^2}, \quad p_r = \frac{\theta_r - q_r + \mu(\theta_n - q_n)}{1 - \mu^2}$$

将上式代入式（6-9）和式（6-10），得到：

$$\prod_R^Q(q_n, q_r) = \left[\frac{\theta_n - q_n + \mu(\theta_r - q_r)}{1 - \mu^2} - w_n\right] q_n + \left\{\left[(1 - \delta)\right.\right.$$

$$\left.\left.\frac{\theta_r - q_r + \mu(\theta_n - q_n)}{1 - \mu^2} - A\right] - w_r + b\right\} q_r \qquad (6\text{-}27)$$

$$\prod_{SC}^T = \left[\frac{\theta_n - q_n + \mu(\theta_r - q_r)}{1 - \mu^2} - c_n\right] q_n + \left\{(1 - \eta\delta)\right.$$

$$\left.\left[\frac{\theta_r - q_r + \mu(\theta_n - q_n)}{1 - \mu^2}\right] - A\eta(1 - \delta) + s - c_r\right\} q_r \qquad (6\text{-}28)$$

令制造商提供的数量折扣契约为

$$Q(w_n*, q_n, w_r*, q_r) = w_n * q_n + w_r * q_r$$

结论 5：当数量折扣契约为 $Q(w_n*, q_n, w_r*, q_r) = w_n * q_n + w_r * q_r$ 时，能够实现分散式决策闭环供应链的协调，并且闭环供应链的成员可以通过协商（讨价还价）来确定契约参数 $\eta(0 < \eta < 1)$ 的值。当

$$w_n^Q * = \eta \frac{\theta_n - q_n + \mu(\theta_r - q_r)}{1 - \mu^2} + (1 - \eta) c_n$$

$$w_r^Q * = \eta \frac{\theta_r - q_r + \mu(\theta_n - q_n)}{1 - \mu^2} + b - \eta A - \eta t + (1 - \eta) c_r - (1 - \eta) s$$

时，满足 $\prod_R^Q(q_n, q_r) = \eta \prod^c(q_n, q_r)$，闭环供应链实现协调。

证明：由零售商的利润函数是集中式决策闭环供应链利润函数的仿射函数（线性函数），即 $\prod_R = \eta \prod^c + \chi$ 时有

$$\left[\frac{\theta_n - q_n + \mu(\theta_r - q_r)}{1 - \mu^2} - w_n\right] q_n + \left\{(1 - \delta)\left[\frac{\theta_r - q_r + \mu(\theta_n - q_n)}{1 - \mu^2} - A\right] - \right.$$

$$\left. w_r + b\right\} q_r = \left[(1 - \eta)\frac{\theta_n - q_n + \mu(\theta_r - q_r)}{1 - \mu^2} - (1 - \eta) c_n\right] q_n + (1 - \eta)\left\{(1 - \right.$$

$$\left. \eta\delta)\left[\frac{\theta_r - q_r + \mu(\theta_n - q_n)}{1 - \mu^2} - A\right] - c_r + s\right\} q_r \qquad (6\text{-}29)$$

由式（6-29）可知，为满足 $\prod_R = \eta \prod^c + \chi$，所以有

$$\frac{\theta_n - q_n + \mu(\theta_r - q_r)}{1 - \mu^2} - w_n = \left[(1 - \eta)\frac{\theta_n - q_n + \mu(\theta_r - q_r)}{1 - \mu^2} - (1 - \eta)c_n\right];$$

$$(1 - \delta)\left[\frac{\theta_r - q_r + \mu(\theta_n - q_n)}{1 - \mu^2} - A\right] + b - w$$

$$= (1 - \eta)\left\{(1 - \delta)\left[\frac{\theta_r - q_r + \mu(\theta_n - q_n)}{1 - \mu^2} - A\right] + s - c_r\right\}$$

即

$$w_n^Q * = \eta\frac{\theta_n - q_n + \mu(\theta_r - q_r)}{1 - \mu^2} + (1 - \eta)c_n$$

$$w_r^Q * = \eta(1 - \delta)\left[\frac{\theta_r - q_r + \mu(\theta_n - q_n)}{1 - \mu^2} - A\right] - s(1 - \eta) + c_r(1 - \eta) + b$$

因此，对于任意的 $\eta(0 < \eta < 1)$，将折扣数量契约 $Q(w_n*, q_n, w_r*, q_r) = w_n * q_n + w_r * q_r$ 中的 w_n^Q，w_r^Q 代入式（6-9）、式（6-10），满足 $\prod_R^Q(q_n, q_r, \eta) = \eta\prod_{SC}^C(q_n, q_r)$，即零售商的利润函数是集中式决策闭环供应链利润函数的仿射函数（线性函数），零售商从制造商处订购的新产品最优数量为 $q_n^T * = q_n^C *$，再制品最优数量为 $q_r^T * = q_r^C *$，实现了分散式决策闭环供应链的协调。

证毕。

6.1.6 算例分析

6.1.6.1 政府补贴下差别定价闭环供应链决策分析

为了验证所得结论的正确性并展开阐释，利用 Maple 14.0 软件对以上模型及决策变量最优值进行算例分析。下面给出相关参数的取值：$c_n = 30$；$c_r = 10$；$\theta_n = 200$；$\theta_r = 100$；$\beta = 1$；$\mu = 0.5$；$A = 10$；$b = 15$；$t = 5$，分析当政府单位再制品补贴 $s \in [0, 50]$ 时，不同政府补贴模式闭环供应链及集中式闭环供应链决策问题。

从图 6-2 可以看出，在政府补贴零售商模式下，制造商的再制品批发价格随着政府补贴力度的加大，在 GM 模式下负相关，在 GR 模式下正相关。这表明，在政府补贴零售商时，制造商通过提高再制品的批发价格来间接分享政府补贴零售商时的红利，因而制造商在 GM 和 GR 两种政府补贴模式下具有较强的议价能力。

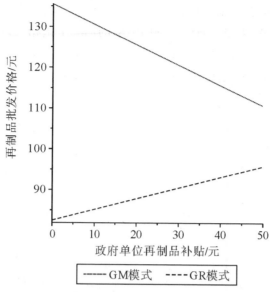

图 6-2　政府补贴对再制品批发价格的影响

从图 6-3 可以看出，在政府补贴的两种模式以及集中式决策闭环供应链中，新产品的需求量随着政府补贴力度的加大呈负相关。此外，在集中式决策闭环供应链中的下降速度要明显快于分散式决策闭环供应链，且差距不断缩小，GR 模式下的新产品需求量大于 GM 模式下的新产品需求量。

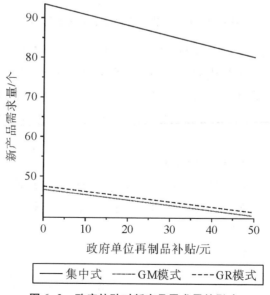

图 6-3　政府补贴对新产品需求量的影响

从图 6-4 可以看出，在政府补贴的两种模式以及集中式决策闭环供应链中，再制品的需求量随着政府补贴力度的加大呈正相关，因而政府补贴的有效性得到体现。此外，再制品需求量在集中式决策闭环供应链中的上升速度要明显快于分散式决策闭环供应链，这说明分散式决策闭环供应链存在"效率损失"。

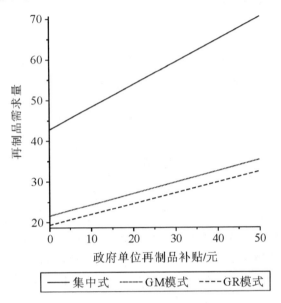

图 6-4　政府补贴对再制品需求量的影响

从图 6-5 可以看出，在政府补贴的两种模式以及集中式决策闭环供应链中，闭环供应链的最优利润随着政府补贴力度的加大呈正相关，闭环供应链的最优利润在集中式决策闭环供应链中大于分散式决策闭环供应链，因而分散式决策闭环供应链存在双重边际效应，造成了供应链的效率损失。

6.1.6.2　契约协调机制决策分析

为了制造商与零售商能够在分散式决策闭环供应链情形下获得更多的利润，要采取相应的契约协调机制，其结果如图 6-6 和图 6-7 所示。

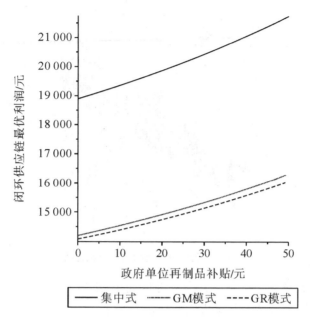

图 6-5　政府补贴对闭环供应链最优利润的影响

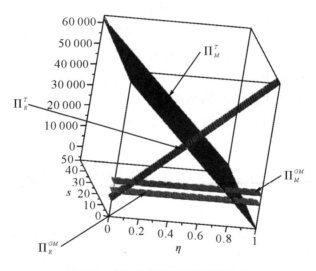

图 6-6　收益共享契约比例决策分析

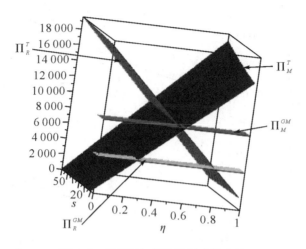

图 6-7   数量折扣契约比例决策分析

在收益共享契约机制下，当 η 在区间 $[0.2, 0.7]$ 内变化时，收益共享契约机制下的制造商与零售商的最优利润不小于 GM 模式下的制造商与零售商的最优利润，因此制造商与零售商通过协商确定的收益共享比例 η 应在区间 $[0.2, 0.7]$ 内；在数量折扣契约机制下，当 η 在区间 $[0.6, 0.8]$ 内变化时，数量折扣契约下的制造商与零售商的最优利润不小于 GM 模式下的制造商与零售商的最优利润，制造商与零售商通过协商确定的数量折扣分配比例 η 应在区间 $[06, 0.8]$ 内。在两种契约协调模型下，制造商与零售商的最优利润都大于 GM 模式下的最优利润，因而实现了制造商与零售商的契约协调，证明了两种契约机制的有效性。

6.2   专利保护背景下闭环供应链的再制造策略研究

本部分讨论了专利保护下原制造商对旧产品再制造采取的策略，包括 N 策略、O 策略和 A 策略，指出只有第三方节省成本足够低时，原制造商才会选择 A 策略。研究构建了一个涉及制造商、再制造商和零售商的闭环供应链动态博弈模型，分析了专利产品再制造的决策优化与授权许可策略，强调再制造成本节约的重要性和专利产品再制造的经济效益分配。研究分析了新产品与再制品差别定价的闭环供应链决策，考察了政府补贴制造商和政府补贴零售商两种模式。研究发现政府补贴制造商模式更优，同时提出了收益共享和数量折扣契约模型来协调分散式闭环供应链，实现分散式闭环供应链的协调。

6.2.1 引言

随着社会环境保护理念的逐步提升以及原材料的日益匮乏，闭环供应链管理在近年来引起了国内外学术界和企业界的广泛关注。在闭环供应链管理中，旧产品的再使用（闭环要体现再制造，不是使用旧产品）使得物质资源得到充分合理的利用，也减轻了环境的负面影响，这不仅符合我国建立资源节约型和环境友好型社会的要求，而且为企业赢得绿色环保声誉并提高企业利润。在市场上，有越来越多的厂商开始进行产品的回收再制造，比如Kodak、Xerox 等公司。同时，受技术的发展和经济利益的驱动，市场上也出现了从事专业再制造的第三方再制造公司，如 Lexmark 公司。我国的潍柴动力、中联重科等公司，则通过独资或合资的方式成立专业的再制造公司，从事机械零部件的再制造。再制造品的出现不可避免地给 OEM 厂商生产的新产品带来一定的竞争威胁。在这种情况下，即使 OEM 厂商出于成本或品牌的考虑不进行产品的回收再制造，也需要采取一定的措施来缓解或消除这种"进入威胁"，使自己的收益不会因再制造品而受损。

在 OEM 厂商与第三方再制造厂商竞争的研究中，许多学者主要从产品再制造过程中的产品定价、回收产品定价等方面进行了探讨。Majumder和 Groenevelt（2000）考虑了再制造产品可替代初始新产品，原制造商和第三方再制造商在竞争情况下的最优定价策略。Mitra 和 Webster（2009）采用两阶段模型研究了在制造商和再制造商竞争的框架下，政府回收立法或政府给予补贴两种情形下对再制造活动的影响。Ferrer 和 Swaminathan（2008）建立了新产品和再制造产品的两周期和多周期定价模型，研究了单寡头垄断情形下制造商新产品和再制造产品定价策略，以及第三方进行再制造情形下的制造商的新产品和再制造产品定价策略。在此基础上，Ferguson 和 Toktay（2007）引入了回收函数，分别研究异质性消费群体下、制造商差异化定价和在第三方进入再制造情形下的制造商的新产品和再制造产品定价策略。Bhattacharya 和 Guide（2008）假定由第三方再制造商进行旧产品的回收再制造，而 OEM 厂商回购再制造商的产品，研究了制造商、再制造商和零售商之间的渠道协调与最优生产问题。Atasu 和 Sarvery等人（2010）则假设市场需求中存在对再制造品的估价低于新产品的"绿色消费者"，研究了制造商是否提供再制造品的决策问题，得出的结论指出再制造不仅可以提高收益，还可以通过再制造品来降低成本作为竞争手段之一。

但是，在以往关于再制造品竞争的研究中，均忽略了第三方再制造中的专利许可问题。出于激励创新的考虑，同时也为了保障专利持有者的利益，世界各国的专利法都保护发明者等专利权人对发明创造的专有权利。目前，众多实力强大的跨国公司利用专利许可合同来控制竞争对手的边际成本，这样不仅可以获得巨额专利许可收入，而且限制了被许可方的竞争能力，从而扩大了自己的竞争优势。比如德州仪器公司从 20 世纪 80 年代中期开始，要求日本多家公司为其集成电路基本专利支付 3% 的专利许可费，迄今总共获得 150 亿美元许可收入，这也大大削弱了日本半导体产业的获利能力和市场竞争力。因此，专利许可已成为企业提高自身市场竞争力的重要手段。在专利许可方式的研究上，Reiko、Schmitz 等学者所讨论的专利许可合同中只包含一个固定费用。Wang（2009）的研究发现，若专利人是市场上的 Stackelberg 领导者，在作出产能和产出承诺的前提下，那么受专利保护的厂商利润最大化的许可合同是费率合同。Sen D 和 Tauman Y（2013）通过比较固定费和可变费两种方式的可行性与优劣，发现如果专利权方想要得到专利带来的全部剩余，就需要采用固定费和可变费组合而成的两部制合同。

以往关于专利许可的研究都是集中在新产品与新技术的许可上，还没有出现关于再制造许可的文献。而根据专利法的规定，专利产品的制造权受到专利保护，只有获得专利许可后，被许可的企业才取得了专利产品的制造权。近年来，日本的佳能公司、爱普生公司就因再生墨盒而提出多起专利诉讼，在美国制造业也有多个再制造专利诉讼的案例。由此可见，原制造商在受专利保护的情况下，第三方再制造商进入产品再制造市场就必须得到原制造商的专利许可，而原制造商则可以通过专利保护来获得竞争优势及额外收益。

基于此，本书考虑了受专利保护的原制造商再制造决策问题，分析了受专利保护的原制造商所采取的不同再制造策略，即阻止回收再制造、原制造商回收再制造和许可第三方再制造商回收再制造。并对不同策略下的闭环供应链利润，以及不同的再制造节省成本对闭环供应链各方利润的影响进行了比较。

6.2.2　问题描述和符号说明

假设市场上有一个原制造商和一个零售商，另外还存在一个可以进入市场的第三方再制造商。其中，原制造商生产的产品为专利产品，第三方再制造商只有在得到原制造商许可后才能进行旧产品的再制造，同时需缴纳专利许可费。假设新产品和再制造品无质量和功能的差别，并通过同一零售商销售。对于旧产品的回收渠道，Fleischmann、Savaskan 等学者在闭环供应链的研究中将废旧产品的回收渠道分为三种形式：零售商回收、制造商回收和第三方回收。本书假设零售商负责旧产品的回收。

由于第三方再制造商的产品同原制造商的产品存在竞争关系，授权第三方再制造会造成原制造商产品销量的下降，因此拥有专利保护权的原制造商可以采取三种策略：一是阻止回收再制造（N 策略），二是原制造商进行回收再制造（O 策略），三是允许第三方再制造商回收再制造并收取专利许可费（A 策略）。其中，存在回收再制造（O 策略和 A 策略）的闭环供应链结构图如图 6-8 所示。

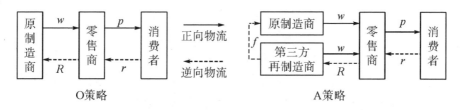

图 6-8　闭环供应链结构

本部分涉及的符号说明如下：

p：单位产品的零售价格，为零售商的决策变量。

w：原制造商给予零售商的单位批发价格，为原制造商的决策变量。

r：零售商支付给消费者的旧产品的回收价格，为零售商的决策变量。

R：原制造商或第三方再制造商支付给零售商的回收价格，为原制造商或第三方再制造商的决策变量。

f：允许第三方再制造情况下的单位专利许可费用，为原制造商的决策变量。在本书中，专利许可费用使用单位费率合同，即原制造商对第三方再制造商生产的专利产品收取单位许可费。

c_n：原制造商以初始原材料生产单位产品的成本，是常量。

c_r：原制造商以回收来的废旧品进行再制造的单位成本（包括旧产品的

运输、检测、拆卸及原制造商再制造等方面的成本），是常量。假设 $c_n > c_r$，令 $s = c_n - c_r > 0$，表明原制造商进行回收品再制造所节省的生产成本。

$\widetilde{c_r}$：第三方再制造商以回收来的废旧品进行再制造的单位成本（包括旧产品的运输、检测、拆卸及第三方再制造商再制造等方面的成本），是常量。假设 $c_n > \widetilde{c_r}$，令 $\tilde{s} = c_n - \widetilde{c_r} > 0$，表明第三方再制造商进行旧产品再制造所节省的生产成本。

假设原制造商的单位成本与第三方再制造商的再制造单位成本不同，即 $s \geqslant \tilde{s}$ 或 $s < \tilde{s}$，这是符合实际情况的。在通常情况下，由于技术和规模的原因，原制造商再制造的成本会低于第三方再制造商的成本。但是，在某些情况下可能恰恰相反，比如原制造商的工厂距离市场销售地非常远，产品回收后的运输成本会较高，这会造成最终再制造成本很高；而销售地的第三方再制造商可以实现本地回收再制造，运输成本则比较低，从而再制造的成本相比于原制造商要低。

消费者对再制造产品的认可度也与新产品相同，新产品和再制造品的价格相同，市场需求量 D 是零售价格 p 的函数：$D(p) = a - bp$，a、b 为常数且 a，$b > 0$，a 表示市场容量，b 表示消费者对价格的敏感系数。

零售商负责回收使用后的旧产品，旧产品的供给量 G 是回收价格 r 的函数：$G(r) = \alpha - \beta r$，其中，α、β 为常数且 α，$\beta > 0$。α 表示当零售商支付给消费者的单位回收价格为 0 时，市场中消费者自愿返还废旧产品的数量，α 越大，表明消费者的社会环保意识越强；β 表示消费者对回收价格的敏感程度，β 越大，表明消费者对回收价格越敏感。这样的回收产品供给函数在梁喜、顾巧论等研究的闭环供应链中做了相同假设。又设各方均为风险中性，即以利润的期望值最大化为决策目标函数。

用 Π_i^j 表示供应链节点企业 i 在策略 j 下的利润函数，Π^j 表示在策略 j 下的供应链整体利润函数。其中，$i \in \{M, R, T\}$，M 表示原制造商，R 表示零售商，T 表示第三方再制造商，$j \in \{N, O, A\}$ 表示原制造商所采取的三种策略。

6.2.3 模型分析

6.2.3.1 原制造商阻止产品的回收再制造（N 策略）

通过专利保护，原制造商阻止第三方再制造商进入再制造市场，同时自己也不从事产品的回收再制造。在这种情况下，市场上不存在旧产品的再制造，零售商只销售原制造商生产的新产品。显然，占主导地位的原制造商和零售商之间构成非合作的 Stackelberg 博弈关系。博弈顺序如下：原制造商首先确定自己的批发价格 w，零售商根据制造商的决策来确定自己的最优销售价格 p。

零售商和原制造商的目标函数分别为

$$\Pi_R^N = (p - w)D(p) = (p - w)(a - bp) \tag{6-30}$$

$$\Pi_M^N = (w - c_n)D(p) = (w - c_n)(a - bp) \tag{6-31}$$

根据式（6-30）得零售商利润最大化的一阶条件为

$$a - 2bp + bw = 0 \tag{6-32}$$

可得零售商的最优零售价格为 $p^{N*} = \dfrac{a + bw}{2b}$，将其代入式（6-31）并对 w 求导得制造商利润最大化的一阶条件为 $a - 2bw + bc_n = 0$，可得原制造商的最优批发价格为 $w^{N*} = \dfrac{a + bc_n}{2b}$。

再将 w^{N*} 代入 p^{N*} 得 $p^{N*} = \dfrac{3a + bc_n}{4b}$。

结论 1：在不进行回收再制造的情况下，零售商和制造商的最优价格策略为 (p^{N*}, w^{N*})。

将 p^{N*}，w^{N*} 代入式（6-30）和式（6-31），即可得零售商和原制造商在最优策略下的利润分别为

$$\Pi_R^{N*} = \frac{(a - bc_n)^2}{16b}$$

$$\Pi_M^{N*} = \frac{(a - bc_n)^2}{8b}$$

通过求和可得：

$$\Pi^{N*} = \Pi_R^{N*} + \Pi_M^{N*} = \frac{3(a - bc_n)^2}{16b} \tag{6-33}$$

6.2.3.2 原制造商进行回收再制造（O 策略）

在 O 策略下，受专利保护的原制造商阻止第三方再制造商进入市场，而自己进行旧产品的再制造。原制造商和零售商之间的博弈关系为：占领导地位的原制造商首先向零售商提供自己的批发价格 w 和支付给零售商的

旧产品回收价格 R ，然后零售商再根据制造商的决策来确定自己的零售价格 p 和支付给消费者的旧产品回收价格 r 。此时，零售商和原制造商的目标函数分别为

$$\Pi_R^O(p,\ r) = (p - w)D(p) + (R - r)G(r)$$
$$= (p - w)(a - bp) + (R - r)(\alpha + \beta r) \qquad (6\text{-}34)$$
$$\Pi_M^O(w,\ R) = (w - c_n)D(p) + (s - R)G(r)$$
$$= (w - c_n)(a - bp) + (s - R)(\alpha + \beta r) \qquad (6\text{-}35)$$

对式（6-34）求零售商利润最大化的一阶条件为

$$a - 2bp + bw = 0,\ -\alpha - 2\beta r + \beta R = 0$$

由此可得零售商的最优零售价格和回收价格分别为

$$p^{o*} = \frac{a + bw}{2b}$$

$$r^{o*} = \frac{\beta R - \alpha}{2\beta}$$

将 p^{o*} ， r^{o*} 代入式（6-34）并求制造商利润最大化的一阶条件为

$$a - 2bw + b\,c_n = 0,\ -\alpha - 2\beta R + \beta s = 0$$

由此可得制造商的最优决策为

$$w^{o*} = \frac{a + b\,c_n}{2b},\ R^{o*} = \frac{\beta s - \alpha}{2\beta}$$

将其代入 p^* ， r^* 中可得： $p^{o*} = \dfrac{3a + b\,c_n}{4b}$ ， $r^{o*} = \dfrac{\beta s - 3\alpha}{4\beta}$

结论2：在原制造商进行回收再制造的策略下，零售商和原制造商的最优策略集为 $((p^{o*},\ r^{o*}),\ (w^{o*},\ R^{o*}))$ 。

将 p^{o*} ， r^{o*} ， w^{o*} ， R^{o*} 代入式（6-34）和式（6-35）可得：

$$\Pi_M^{O*} = \frac{(a - b\,c_n)^2}{8b} + \frac{(\alpha + \beta s)^2}{8\beta}$$

$$\Pi_R^{O*} = \frac{(a - b\,c_n)^2}{16b} + \frac{(\alpha + \beta s)^2}{16\beta}$$

通过求和可得：

$$\Pi^{O*} = \Pi_R^{O*} + \Pi_M^{O*} = \frac{(a - b\,c_n)^2}{16b} + \frac{3(\alpha + \beta s)^2}{16\beta}$$

6.2.3.3 许可第三方再制造商回收再制造（A策略）

在A策略下，原制造商自己不进行再制造，而是通过专利许可允许第

三方再制造商进行旧产品的再制造，并对再制造的产品收取专利许可费。原制造商、第三方再制造商和零售商均为相互独立的决策者，其目标为各自利润最大化。显然，原制造商与零售商、第三方再制造商之间构成了三阶段的博弈关系。三者的决策顺序如下：首先原制造商作为市场的先入者来确定产品的批发价格 w 和专利许可费用 f，然后第三方再制造商根据原制造商所确定的批发价格来决定支付给零售商的回收价格 R，最后零售商根据原制造商和第三方再制造商的决策来确定自己的零售价格 p 和支付给消费者的回收价格 r。

原制造商、第三方再制造商和零售商的目标函数分别为

$$\Pi_M^A(w, f) = (w - c_n)(D(p) - G(r)) + fG(r)$$
$$= (w - c_n)(a - bp - \alpha - \beta r) + f(\alpha + \beta r) \quad (6\text{-}36)$$

$$\Pi_T^A(R) = (w - c_n + \tilde{s})G(r) - (R + f)G(r)$$
$$= (w - c_n - R - f + \tilde{s})(\alpha + \beta r) \quad (6\text{-}37)$$

$$\Pi_R^A(p, r) = (p - w)D(p) + (R - r)G(r)$$
$$= (p - w)(a - bp) + (R - r)(\alpha + \beta r) \quad (6\text{-}38)$$

根据博弈的顺序采用逆向求解的方法，对式（6-38）先求零售商的最优零售价格和回收价格：

$$p^{A*} = \frac{a + bw}{2b}, \ r^{A*} = \frac{\beta R - \alpha}{2\beta}$$

将 r^{A*} 代入式（6-37），求得独立再制造商给予零售商的最优回收价格：

$$R^{A*} = \frac{\beta(w - c_n + \tilde{s} - f) - \alpha}{2\beta}$$

将 R^{A*} 代入 r^{A*} 可得：

$$r^{A*} = \frac{\beta(w - c_n + \tilde{s} - f) - 3\alpha}{2\beta}$$

将 p^{A*}，r^{A*} 代入式（6-36），可能制造商的最优批发价格和专利许可费用：

$$w^{A*} = \frac{a + b c_n}{2b}, \ f^{A*} = \frac{a - b c_n}{2b} + \frac{\alpha + \beta \tilde{s}}{2\beta}$$

再代入 p^{A*}，r^{A*}，R^{A*} 可得：

$$p^{A*} = \frac{3a + b c_n}{4b}, \ r^{A*} = \frac{\beta \tilde{s} - 7\alpha}{8\beta}, \ R^{A*} = \frac{\beta \tilde{s} - 3\alpha}{4\beta}$$

结论 3：在原制造商许可第三方再制造商回收再制造并收取专利费用的策略下，原制造商、第三方再制造商和零售商的最优策略集为 $((w^{A*}, f^{A*}), R^{A*}, (p^{A*}, r^{A*}))$。

将 p^{A*}，r^{A*}，w^{A*}，R^{A*}，f^{A*} 代入式（6-36）、式（6-37）、式（6-38）可得三方的最大利润：

$$\Pi_M^{A*} = \frac{(a - b c_n)^2}{8b} + \frac{(\alpha + \beta \bar{s})^2}{16\beta}$$

$$\Pi_R^{A*} = \frac{(a - b c_n)^2}{16b} + \frac{(\alpha + \beta \bar{s})^2}{64\beta}$$

$$\Pi_T^{A*} = \frac{(\alpha + \beta \bar{s})^2}{32\beta}$$

通过求和可得供应链的整体利润：

$$\Pi^{A*} = \frac{3(a - b c_n)^2}{16b} + \frac{7(\alpha + \beta \bar{s})^2}{64\beta}$$

通过以上的分析，我们可以得到五个定理。

定理 1：在许可第三方再制造的策略下，最优专利许可费用 f^* 与节省成本 $\bar{s}$ 正相关，而最优回收价格 R^{A*} 和 r^{A*} 与专利授权费用 f 负相关。

在 A 策略下，当专利授权费增加时，第三方再制造商和零售商均会降低其所支付的回收价格，旧产品的回收量也相应地减少。这一点可以从原制造商的角度来理解，随着旧产品的回收价格的增加，再制造品的数量也随之增加，从而影响了新产品的销量，原制造商就会提高专利许可费用，一方面可以通过专利费用从再制造品中获得专利收益，另一方面可以通过许可费的提高向第三方再制造商发出信号，从而使第三方再制造商减少再制造的数量以降低竞争压力。

定理 2：在 O 策略和 A 策略下，旧产品的最优回收量 $G(r^*)$ 与节省成本正相关。

定理 2 表明，在回收再制造的两种策略下，如果再制造的成本较低，即节省的成本较高，制造商会愿意提高支付给零售商的回收价格，这会激励零售商也同时提高支付给消费者的回收价格，从而提高旧产品的回收量；反之，当再制造的成本较高时，回收量也相应较少。

定理 3：（1）$\Pi_M^{O*} > \Pi_M^{N*}$，$\Pi_M^{A*} > \Pi_M^{N*}$；（2）$\Pi_R^{O*} > \Pi_R^{N*}$，$\Pi_R^{A*} > \Pi_R^{N*}$；（3）$\Pi^{O*} > \Pi^{N*}$，$\Pi^{A*} > \Pi^{N*}$。

通过比较显然得证，证明过程从略。

定理 3 表明，当新产品和再制造品无质量差异时，不管制造商采取哪种策略，由于采用再制造技术节省了制造成本，回收再制造都会增加制造商和零售商以及供应链的利润。因此，出于经济利益的考虑，原制造商和零售商都会支持旧产品的回收再制造。

定理 4：当 $\tilde{s} < \dfrac{(\sqrt{2}-1)\alpha + \sqrt{2}\beta s}{\beta}$ 时，$\Pi_M^{I*} > \Pi_M^{A*}$，原制造商会选择

O 策略，即自己进行旧产品的回收再制造；当 $\tilde{s} > \dfrac{(\sqrt{2}-1)\alpha + \sqrt{2}\beta s}{\beta}$ 时，

$\Pi_M^{I*} < \Pi_M^{A*}$，原制造商会选择 A 策略，即许可第三方再制造商进行旧产品的回收再制造。

证明：由 $\Pi_M^{O*} - \Pi_M^{A*} > 0$

$$\Leftrightarrow \frac{2(\alpha+\beta s)^2 - (\alpha+\beta\tilde{s})^2}{16\beta} > 0$$

$$\Leftrightarrow 2(\alpha+\beta s)^2 > (\alpha+\beta\tilde{s})^2$$

$$\Leftrightarrow \sqrt{2}(\alpha+\beta s) > (\alpha+\beta\tilde{s})$$

$$\Leftrightarrow \tilde{s} < \frac{(\sqrt{2}-1)\alpha + \sqrt{2}\beta s}{\beta}$$

得证。

显然，只要原制造商的节省成本不低于第三方再制造商的节省成本，原制造商就会自己进行旧产品的回收再制造。只有第三方再制造商的节省成本足够大时，原制造商才会选择许可第三方再制造商进行产品的回收再制造。当原制造商的生产工厂距离产品的销售地较远时，回收旧产品的运输成本会比较高。在这种情况下，位于当地的第三方再制造商则具有回收的优势，许可第三方再制造商就会是多赢的选择。

定理 5：当 $\tilde{s} < \dfrac{\alpha + 2\beta s}{\beta}$ 时，$\Pi_R^{O*} > \Pi_R^{A*}$，$G(r^{O*}) > G(r^{A*})$；当 $\tilde{s} >$

$\dfrac{\alpha + 2\beta s}{\beta}$ 时，$\Pi_R^{O*} < \Pi_R^{A*}$，$G(r^{I*}) < G(r^{A*})$。

定理 5 的证明类似于定理 4。

定理 5 表明，对于零售商而言，只有第三方再制造的节省成本达到一定程度时，原制造商选择第三方再制造才对零售商有利，同时旧产品的回

收量也会增大。也就是说，当第三方再制造的成本较低时，应由再制造商来处理旧产品，此时零售商收益的增加也激励零售商增加旧产品的回收量。

6.2.4 数值算例

假设某原制造商生产新产品的成本 $c_n = 550$，零售商所面对的市场需求函数为：$D(p) = 140\,000 - 160p$，旧产品的供给函数为：$G(r) = 2\,000 + 200r$。为简化起见，我们对原制造商生产再制造品的成本只取一个值，为 $c_r = 350$，即得 $s = 200$，可得 $\dfrac{(\sqrt{2} - 1)\alpha + \sqrt{2}\beta s}{\beta} = 292.4$，$\dfrac{\alpha + 2\beta s}{\beta} = 410$，通过不同的 $\bar{s}$ 来看不同策略下的供应链各方利润。下面来讨论对应不同 $\bar{s}$ 下的各种取值情况，见表6-1。

表6-1 不同 $\bar{s}$ 下的各方利润值

策略		r^*	$G(r^*)$	Π_M^*	Π_R^*	Π_T^*	Π^*
N 策略		N/A	N/A	2 112 500	1 056 250	N/A	3 168 750
O 策略	$s = 200$	42.5	10 500	3 215 000	1 607 500	N/A	4 822 500
A 策略	$\bar{s} = 200$	16.25	5 250	2 663 750	1 194 062.5	275 625	4 133 437.5
	$\bar{s} = 300$	28.75	7 750	3 313 750	1 356 562.5	600 625	5 270 937.5
	$\bar{s} = 450$	47.5	11 500	4 757 500	1 717 500	1 322 500	7 797 500

表6-1直观地展示了定理1至定理5的结论。

（1）在 A 策略中，随着节省成本 $\bar{s}$ 的提高，零售商支付给消费者的回收价格也随之增加，从而旧产品的回收量也增加。同样的结论对 O 策略也是适用的。

（2）当 $\bar{s} = 200 < 292.4$ 时，原制造商选择 O 策略的利润大于选择 A 策略的利润，零售商在 O 策略下获得的利润大于 A 策略下获得的利润，因此，处于专利保护下的原制造商会选择自己进行回收再制造，而不允许市场上出现第三方再制造商，零售商也会支持原制造商的选择，在 O 策略下的旧产品回收量也较大。

（3）当 $\bar{s} = 450 > 292.4$ 时，这时候原制造商选择 O 策略的利润小于选择 A 策略的利润，零售商在 O 策略下获得的利润小于 A 策略下获得的利润，原制造商就会授权第三方再制造商进行回收再制造，且此时 A 策略下的旧产品回收量较大。同时，原制造商收取再制造品的专利授权费来弥补由于销量下降所带来的损失。

（4）当 292.4 < $\tilde{s}$ = 300 < 410 时，原制造商在 O 策略下的利润大于 A 策略下的利润，而零售商在 O 策略下的利润小于在 A 策略下的利润。原制造商作为受专利保护的市场的主导者，会选择 O 策略自己进行回收再制造。但是，如果零售商是强势的，其能够利用自己的市场地位来影响原制造商的决策，零售商则会考虑让原制造商选择 A 策略，即允许第三方再制造商进入市场。

从以上的数值分析可以看出，如果第三方再制造商位于销售地，其对旧产品的再制造成本很低时，原制造商可以考虑授权第三方再制造商进行产品的再制造。这样，既能增加自己的利润，又能增加零售商和整个闭环供应链的利润。并且，合理的专利许可策略也能激发第三方再制造商的积极性，从而增加旧产品的回收量，有利于环境的保护和原材料的节省。

6.3 专利产品再制造视角下闭环供应链的决策优化与授权许可策略研究

6.3.1 引言

专利保护已经成为全球的热门话题，各国纷纷实行知识产权战略，加大在知识产权方面的研发、申请、维持和保护的投入，我国企业也掀起了申请专利的热潮。受到专利保护的产品越来越多，侵权难以避免，这是制造商面临的困境，专利产品再制造商也面临着同样的问题。专利产品再制造涉及知识产权的侵权与授权问题，因此原产品中所含专利对产品再制造的影响是企业再制造决策活动必须考虑的因素。如今环境保护和资源有效利用受到广泛的关注，而再制造是资源循环利用的重要途径之一。如何应对资源短缺、环保政策的压力，不是某一家企业可以解决的问题，而是必须依靠整个行业内的供应商、制造商、零售商，以及产品回收商和再处理商的共同努力。闭环供应链管理正是顺应这一变革而产生的一种全新的管理方式。基于此，针对专利产品再制造形成的崭新供应链结构，本部分将研究闭环供应链的决策优化与专利许可授权问题。

专利产品的再制造行为是否侵权在司法实践中一直是个难点问题，学者汪玉璇（2005）采用了理论分析和实证研究的方法，采用权利用尽原则对产品再制造中涉及的知识产权问题做了详尽的阐释。张怡从专利侵权角度出发，阐释专利产品的再制造所涉及的法律问题。John 和 Robert 针对专利产品再制造的问题，指出再制造涉及的专利问题正处于一个高速发展的时期，专利产品再制造实践中判例法将继续发展并变得更加普遍。再制造企业要为翻新产品在专利领域的法律问题寻求法律意见。另外，再制造产品的方法或新的设备也将是有价值的专利发明。张铜柱等从法律角度指出，汽车产品再制造是汽车工业发展循环经济的重要途径，是汽车工业可持续发展的必然选择。随着再制造产业的发展，原产品制造商与再制造商的利益冲突和知识产权冲突问题逐渐显现。通过归纳现有司法实践和学术研究对再制造是否侵权的论点，从权利用尽原则和默认许可原则来讲，修理不构成侵权，而再制造和再制造相当于生产全新的产品，在未经许可的情况下会构成侵权。

以上研究从法律角度分析了专利产品再制造侵权与否的判定原则，而再制造与闭环供应链优化决策的研究主要是关于定价、回收产品的质量控制、回收策略等方面。如 Mahadevan 等（2011）研究了在再制造情形中的产品控制和库存管理问题。BayIndIr 和 Erkip（2012）指出，制造产品和再制造产品分割到不同的市场和生产能力有限时，通过产品再制造可以提高收益，并对关于制造/再制造系统决策的研究进行了较详尽的综述。Atasu等假设市场需求中存在一部分对再制造品的估价与新产品相同的绿色顾客，研究了制造商是否提供再制造品的决策问题，指出再制造不仅可以提高收益，还可以通过降低成本作为竞争手段。彭志强等（2011）研究了基于再制造和顾客等待行为的差别定价问题，但是该文的需求函数是确定性的，也没有考虑补货决策。彭志强等（2010）将再制造作为一种柔性补货机制，研究了考虑顾客策略行为的易逝品定价和再制造柔性补货问题。研究表明，顾客策略行为减少了零售商的期望利润，再制造柔性补货机制可以减轻顾客策略行为的影响、增加零售商的期望利润，最后分析了该机制对消费者剩余和社会福利的影响。然而，这些研究都没有考虑再制造涉及的专利侵权及许可问题。

综上所述，近年来关于专利产品再制造问题主要从法律角度呼吁政府和企业重视再制造产业的知识产权问题，或者从法律角度研究判定专利产品再制造侵权的原则。同时，再制造形成的闭环供应链的研究也没有关注产品专利对供应链的决策优化的影响。基于此，本部分针对专利产品再制造的闭环供应链的决策优化问题，构建由制造商、再制造商和零售商组成的闭环供应链与专利许可博弈模型，研究专利产品再制造中供应链的各参与方的最优决策和专利许可策略。

6.3.2 问题描述

占主导地位的制造商是专利产品的权利人，独立的再制造商通过购买专利产品的授权许可，回收市场上的旧产品或零部件进行再制造活动。类似于现有文献的假设，制造商和再制造商通过同一个渠道零售原产品和再制造品，即零售商从制造商和再制造商处批发原产品和再制造品，并销售给市场上的消费者群体。假定原产品和再制造品无质量和功能上的差别，即消费者对两者的价值评价是等同的。典型的如汽车行业的供应链结构，汽车零部件的再制造大多涉及专利问题。目前我国正在大力促进汽车零部件的再制造，并逐步扩大试点范围。对于旧产品或零部件的回收渠道模式，Savaskan 和 Van Wassenhove（2011）将其分为三种形式，即零售商回收、制造商回收和第三方回收。本部分采用第三方回收模式，即再制造商独立负责回收旧产品或零部件。第三方再制造商的再制造品同制造商的原产品存在竞争关系，授权第三方再制造会造成原制造商新产品销量的下降。同时作为专利权利人的原制造商，采取收取专利授权许可费用来补偿再制造品引起的同类产品"同类相残"（cannibalism）的损失。

制造商、再制造商和零售商构成闭环供应链的结构如图 6-9 所示。

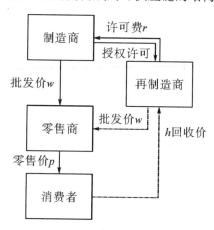

图 6-9 专利产品再制造的闭环供应链结构

供应链中各参与方的动态博弈的顺序如下：首先，作为主导方的制造商独家生产原产品，决策批发价格和专利授权许可费，对零售商批发产品并授权第三方再制造商实施专利产品的再制造；其次，再制造商决策旧产品或零部件的回收价，支付给消费者回收费用，支付给制造商许可费，实施再制造并跟随制造商以相同的批发价在同一零售渠道销售；最后，零售商决策销售价格销售原产品和再制造品。

博弈各参与者的决策变量以及相关参数假定如下：

c：制造商生产单位原产品的成本，为常量。

w：制造商向零售商收取的批发价，为制造商的决策变量，也是再制造商跟随收取的批发价。

r：专利权利人（制造商）向再制造商收取的单位再制造授权许可费，为制造商的决策变量。

h：再制造商单位产品的回收价格，包括支付给持有旧产品的消费者的费用、回收渠道中收集、运输以及处理等费用的总和，为再制造商的决策变量。

s：再制造相对于直接制造的单位产品的成本节约，为常量。

p：零售商的单位产品零售价格，为零售商的决策变量。

零售商的需求函数 $D(p) = a - bp$，其中 a 为市场潜在容量、b 为价格敏感系数。再制造商的回收函数为 $H(h) = \beta \sqrt{h}$，其中 β 为缩放系数，使得 $H(h) = \beta \sqrt{h} \leq a - bp$，即市场需求中同时包含原产品和再制造品，$H(h)$ 类似于销售努力函数。

综上所述，专利产品再制造构成的闭环供应链中，制造商、再制造商和零售商的序贯决策构成了一个三阶段的动态博弈问题。首先，占主导地位的制造商作为专利产品的权利人，决策最优的批发价格 w 和许可费 r；其次，处于从属地位的再制造商跟随主导者的批发价格，决策回收价格 h；最后，作为跟随者的零售商决策销售价格 p；三者的目标都是各自的期望利润最大化。

6.3.3　模型及求解

基于上文的假定和闭环供应链的动态博弈模型的构建，得到各参与方的利润函数：

制造商的利润函数为

$$\Pi_M = (w - c)(D(p) - H(h)) + rH(h) \qquad (6-39)$$

再制造商的利润函数为

$$\Pi_{RM} = (w - h + s - r)H(h) \tag{6-40}$$

零售商的利润函数为

$$\Pi_R = (p - w)D(p) \tag{6-41}$$

接着，基于动态博弈的顺序采用逆向求解的方法，研究闭环供应链中各参与方的最优决策问题。

首先，将 $D(p) = a - bp$ 代入零售商的利润函数即式（6-41）得，$\Pi_R = (p - w)(a - bp)$，零售商的优化问题即是给定制造商和再制造商的批发价格 w，关于销售价格 p 的单变量优化问题，由一阶条件，令 $\dfrac{d\Pi_R}{dp} = 0$ 得：

$$p^*(w) = \frac{a + bw}{2b} \tag{6-42}$$

其次，将 $H(h) = \beta\sqrt{h}$ 代入再制造商的利润函数即式（6-40）得：$\Pi_{RM} = (w - h + s - r)(\beta\sqrt{h})$，再制造商的优化问题即是给定制造商的批发价格 w 和单位再制造许可费 r。关于回收成本 h 的单变量优化问题，同理，由一阶条件，令 $\dfrac{d\Pi_{RM}}{dh} = 0$ 得：

$$h^*(w) = \frac{w + s - r}{3} \tag{6-43}$$

最后，将 $p^*(w)$ 和 $h^*(w)$ 代入制造商的利润函数即式（6-39）得：$\Pi_M = (w - c)(a - bp^*(w) - (\alpha + \beta h^*(w))) + r(\alpha + \beta h^*(w))$，制造商的决策即是关于批发价 w 和单位再制造许可费 r 多变量优化问题。分别由 w 和 r 的一阶条件，并联立求解得：

$$w^* = \frac{a}{2b} + \frac{c}{2}, \quad r^* = \frac{a}{2b} + \frac{c}{6} + \frac{2s}{3}$$

将 w^* 和 r^* 代入式（6-42）和式（6-43），归纳整理得到闭环供应链中各参与方的最优决策：

命题1：制造商的最优批发价：$w^* = \dfrac{a}{2b} + \dfrac{c}{2}$，最优授权许可费：$r^* = \dfrac{a}{2b} + \dfrac{c}{6} + \dfrac{2s}{3}$；再制造商的最优回收价：$h^* = \dfrac{c + s}{9}$；零售商的最优零售价：$p^* = \dfrac{3a}{4b} + \dfrac{c}{4}$。

将命题 1 的结论分别代入各博弈方的利润函数式（6-39）、式（6-40）、式（6-41）整理即得命题 2。

命题 2：制造商的期望利润为

$$\Pi_M^* = \frac{9\,a^2 - 18abc + 9\,b^2\,c^2 + 16\beta bc\,\sqrt{s+c} + 16\beta bs\,\sqrt{s+c}}{72b}$$

再制造商的期望利润为

$$\Pi_{RM}^* = \frac{2\beta(s+c)\,\sqrt{s+c}}{27}$$

零售商的期望利润为

$$\Pi_R^* = \frac{(a-bc)^2}{16}$$

6.3.4 仿真实验

上文通过逆向求解的方法求出了闭环供应链中动态博弈各方的最优决策，并得出了各方的最优期望利润，接着分析最优决策关于再制造成本节约的敏感性。由于再制造成本节约是再制造活动中最直接的经济动力，因此进一步研究再制造成本节约程度对各参与方的决策的影响机理。特别是作为专利权利人的制造商和专利购买者的再制造商的决策，即授权许可费 r 和回收努力 h 与再制造成本节约 s 的关联性。

假定市场需求函数为 $D(p) = 1\,000 - 4p$，制造商的单位生产成本为 $c = 50$，再制造商的回收函数为 $H(h) = 100\,\sqrt{h}$，再制造单位成本节约的范围为 $s \in [0, 50]$，基于命题 1 的结论，研究制造商的授权许可费 r 和再制造商的回收努力 h 关于再制造单位成本节约 s 的敏感性，运用 Maple14.0 编程并仿真模拟如图 6-10 所示。

由命题 1 的结论和图 6-10 的结论可知，授权许可费 r 和回收价格 h 都是关于 s 的单增函数。显然，再制造成本节约是闭环供应链中再制造活动最直接的经济动力，随着再制造成本节约的增大，再制造商通过加大回收力度增加回收产品的数量，在再制造活动中获取更大的规模效应。对于专利产品权利人的制造商来讲，再制造产品在市场上份额增加，使得同类产品的"同类相残"加剧，进一步侵蚀了原产品的市场份额，因此，制造商运用产品的专利武器增加单位产品的授权许可费用，以此分享再制造商销售再制造品带来的收益。可见，在专利产品再制造的闭环供应链中，许可费用还起着分配供应链的利润的作用。

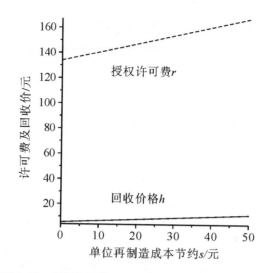

图 6-10　授权许可费 r 和回收价格 h 关于 s 的敏感性

7 再制造产业的发展战略规划与治理对策

　　本章从以下四个方面提出 ESG 视角下再制造产业的知识产权战略规划与治理对策。一是再制造产业的知识产权战略研究，提出再制造产品的质量由再制造厂家和原产品厂家共同负责，承担相应的保修责任和售后服务；再制造产品除了标注再制造厂家的商标之外，应该同时保留原产品的授权商标，并附上"再制造产品"的说明；专利领域的战略规划包括专利保护、专利池战略以及技术标准战略，提出建立再制造标准体系，制定再制造技术标准和规范。二是再制造产业的专利池构建策略问题，提出我国需要以专利技术的优势实现再制造产业中企业之间的协同发展，以专利池推动产业技术升级，提高产业发展质量和层次，增强企业的市场竞争力和产业的发展后劲，确保产业的长效发展；再制造产业专利池的构建要有科技和产业的支撑，依托产业集群、共同创新以获取更多的专利优势，进行产业的国际较量。三是从行业治理角度提出再制造技术交易平台的规划。本书认为有必要构建平台服务一体化的模式，将中介平台融入价值链条之中，发挥其对接作用；构建再制造服务平台的一站式服务模式，充分发挥其中介平台的作用，促进再制造产业高质量发展。四是基于 ESG 视角从政府规划服务和企业管理对策角度提出了宏观和微观相结合的治理对策，政府层面主要包括规范再制造产品的质量标准，引导消费者正视再制造产业，将 ESG 理念引入知识产权法；企业层面主要包括从保障质量入手降低消费者感知的不确定性，积极完善 ESG 信息披露等。

7.1 再制造产业的知识产权战略研究

7.1.1 再制造产业商标战略体系的构建

再制造产品与原产品在物理形态、产权法律形态等方面都有着无法割舍的联系，其商标使用的法律规制和市场推广的原产品也有着不可隔离的机理。正是这样如此紧密的联系，使得再制造产业涉及大量的知识产权纠纷问题：如何区分产品的修理与产品的再制造？修理与再制造的技术界限和法理界限是什么？再制造商品是否应当以原商标再次投放入市场？

如果再制造厂家使用原产品的商标并投放市场进行销售，再制造厂家会不会侵犯原制造商的商标权？再制造商家的核心部件的原材料虽然来自原产品，但是其再制造的产成品大部分已经经过了再制造商家的检测、加工、测试等程序，再制造后的产成品已经与原产品完全不同。如果再制造厂家使用原产品的商标并投放市场进行销售，显然会构成对消费者的欺诈行为。根据《中华人民共和国商标法》的相关规定，再制造的商品需要标示与原商品不同的商标，而不能标示原制造商的商标。

如果再制造厂家制造的产品使用再制造厂家自己的商标，会不会构成反向假冒呢？《中华人民共和国商标法》第五十七条第五项规定："未经商标注册人同意，更换其注册商标并将该更换商标的商品又投入市场的。"属于侵犯注册商标专用权。很明显，再制造产品可能会涉嫌反向假冒。但是，"反向假冒"所涉及的范畴仅仅是未经任何加工便更换商标标志的行为，也就是将商品不加任何处理，仅仅更换商标后投放市场出售。而再制造产品在进入市场前并非仅仅更换了商标，而是经历了一系列拆解、修复、检测合格后再投入市场。故笔者认为，按照《中华人民共和国商标法》的规定，再制造厂家标示自己的商标是合法的行为。

那么，如何依托原产品的商标权和品牌力量保护再制造产品的权利和进行市场推广呢？制定科学的再制造产业商标战略，对再制造产业的发展有着不可忽视的作用。笔者认为再制造产品的质量由再制造厂家和原产品厂家共同负责，承担相应的保修责任和售后服务。与此同时，再制造产品除了标示再制造厂家的商标之外，应该同时保留原产品的授权商标，并附上"再制造产品"的说明。再制造产业协会要加强对再制造产业中各类产品"驰名商标"的培养。通过对"驰名商标"的培养和打造，树立再制造产品良好的声誉和形象，进一步提高再制造产品在消费者群体中的认知度。

7.1.2　再制造产业专利战略体系的构建

当前，随着知识产权已经成为全球竞争的主要规则，各企业纷纷在加大自主技术研发、申请投入的同时，越来越重视对于产品知识产权的保护，以保护知识产权为目的的人员、资金投入占比也越来越高。目前，市场上绝大多数产品知识产权的保护都体现在专利制度的保护方面，这也就导致"专利地雷"无处不在，专利侵权行为随时可能会发生。对专利侵权行为而产生的纠纷不仅仅存在于传统生产企业，再制造厂家也面临着同样的问题。专利产品的再制造是否会侵犯原产品的专利权？再制造的工艺技术是否会侵犯原产品的生产工艺？对专利产品的再制造，将不可避免地涉及专利的权益冲突。明晰再制造产业专利侵权的形式、实行再制造产业链的专利战略管理、建立再制造产业专利战略体系也就成为再制造产业链决策优化中非常重要的一环。

美国联邦最高法院法官对再制造做出了如下定义："再制造只限于在专利产品作为一个整体报废以后，实质上制造一个新产品的重新制造。"并归纳构成侵权再制造的"四要件说"，即产品有专利权、整体报废、实质上再制造、超过修理的技术要求。如何从专利战略入手分析去建立再制造产业专利战略体系，从而避免再制造产业发展的盲目性。本书从授权许可策略和自主研发实施规划角度入手，构建再制造产业专利战略体系。

（1）区分再制造与修理，实施授权许可。无论是专利权利人还是独立的再制造，企业都应该从专利侵权分析角度研究涉及的专利是否侵权，聘请或培养专利律师和职业的技术人员，对产品属于修理还是属于再制造进行分析，如果确实涉及了专利侵权，专利权人应当运用知识产权运营管理的技术许可理论与方法授权，再制造企业实施再制造的生产活动。再制造企业应当对自己的产品与原产品有明确的区分和认识，如果使用的原产品可能侵权，应积极地与权利人协商并取得授权许可。

（2）自主研发规划。尽管再制造业务创造的商业价值和社会价值十分明显，但是要真正使其产业化仍然需要众多条件的支撑。再制造产业应当针对产业的实际特点在设计回收拆解、再利用、再制造等环节进行创新，特别是可拆解性设计、可回收性设计、绿色供应链等关键技术的研究，从而推动产业发展。特别是在 ESG 倡导的企业社会责任背景下，对于环境保护的重要影响不言而喻。而真正去实施自主研发规划需要，再制造产业以产学研用为基础，搭建技术创新合作平台，针对产业的实际特点形成产品生命全周期工程技术向全行业辐射的新体制和新机制，提升我国再制造产业的技术创新能力和竞争力。

7.1.3 专利池战略构想

专利池又称为专利联盟，是指为实现多个权利人之间的交叉许可或统一对外许可，由多个专利权人协调达成一致而形成的一种战略联盟组织形态。在如今的国际竞争格局中，专利已经成为赢得全球竞争的制高点之一，专利联盟已成为跨国企业在全球实施专利战、标准战的重要武器。众多国际大型跨国企业参与到国际标准的发起和制定中来，以此抢占国际标准化组织的关键地位。

目前，我国政府职能部门虽然对低碳经济和循环经济的布局比较重视，但是该产业的专利联盟运作还处于萌芽阶段。政府应加强培育具备专利和标准化知识的研发、管理和战略咨询人才，为企业构建专利池、制定专利战略提供必要的信息和政策支持；积极为企业提供国际标准和专利池的组建信息和咨询；在专利法、专利法实施条例等相关的法律文件中增加规范专利池的条款。我国需要以专利技术的优势实现再制造产业中企业之间的协同发展，以专利池（专利联盟）推动产业技术升级，提高产业发展质量和层次，增强企业的市场竞争力和产业的发展后劲，确保产业的长效发展。

7.1.4 技术标准战略构想

再制造的标准可以归纳为三大类：一是基础类标准，主要包括术语、定义、再制造工艺、回收利用率的计算方法等；二是特定产品的再制造标准，如发动机、汽车零部件、工程机械零部件等，以及再制造商标和标识的要求；三是再制造涉及环境的标准，如工人的职业防护和对环境的保护。目前，我国有四个与再制造有关的标准化技术委员会：绿色制造技术/再制造标委会（SAC/TC337/SC1），成立于 2008 年，主要制定再制造基础标准；汽车标委会（SAC/TC114）；内燃机标委会 SAC/TC177；工程机械的土方机械标委会（SAC/TC334）。我国对再制造标准体系的建设还处于起步阶段，还没有参与到国际再制造技术标准的制定中，在实务中也没有形成类似福特、卡特彼勒等大型企业的再制造专门部门与业务板块，需要进一步研究建立再制造标准体系，制定再制造技术标准和规范，如再制造技术通则、旧件检测与评价技术标准、再制造工艺等。

7.2　我国再制造产业专利池的构建策略研究

我国的专利池尚处于初始阶段。与外国专利池的历史发展过程相比，我国一些企业专利池的建立较迟，池内专利特别是核心专利较少，几乎聚集在信息技术行业。对刚刚起步的再制造产业来说，如何构建和实施专利池更须加大研究力度。我国需要以专利技术的优势实现再制造产业中企业之间的协同发展，以专利池推动产业技术升级，提高产业发展质量和层次，增强企业的市场竞争力和产业的发展后劲，确保产业的长效发展。

7.2.1　我国专利池的相关实践

7.2.1.1　中国彩电行业专利池

2007年4月23日由长虹、康佳、海信等10家中国彩电骨干企业合资组建了中国彩电行业专利池，名为深圳中彩联科技有限公司（以下简称"中彩联"）。中彩联的具体职能包括：一方面"防"也就是组织和推进知识产权集体谈判，变单打独斗为集体谈判。单个企业运营专利的能力有限，必须联合起来才有出路，而中彩联已经迈出了联合的第一步。另一方面是"攻"，围绕联合创新用专利池的建设推广自主知识产权成果的应用。目前该平台已经放入北美相关专利2 158件，与欧洲相关的专利592件，与中国相关的专利4 299件，共计7 049件。

7.2.1.2　电压力锅专利池

2006年，中国顺德国际家用电器博览会上美的、爱德、怡达、创迪家顺德压力锅生产企业宣布成立电压力锅专利池，该专利池目前已收纳45项专利。这四家压力锅生产企业通过成立联盟改变了由原来企业一有专利纠纷就直接向法院起诉的办法，变为了电压力锅行业核心厂家携手合作，共同推进行业的自主创新。

7.2.2 我国专利池运营现状分析

7.2.2.1 政府占主导地位，专利池区域分布不均

我国各种专利池都离不开政府的支持，政府机构在专利池构建中占有重要地位。专利池作为相同行业、不同企业的聚集地，需要各个企业通过技术创新提高专利的数量和质量。政府应该减少行政干预，做好角色定位，充分发挥政府指导、牵头的支持作用。一个地区企业数量的多少、科技发展含量的高低、创新能力的强弱直接影响该区域专利集中程度的高低，进而对专利池的发展好坏产生影响。例如，2007 年 4 月，由长虹、创维、海信等 10 家中国彩电优秀企业组建的"中国彩电行业合建专利池"在深圳公布，2013 年东莞成立全国第一个 LED 行业专利池，以及比较成熟的专利池 AVS、WAPI。综合这些专利池的特点，不难发现，大多池内产业集中在北京、上海、广东、山东、浙江等产业结构和科技发展比较成熟的省市，而其他省市在专利池的构建上处于劣势地位，这也不利于企业专利成本的降低和行业的整体发展。这就需要政府利用政策制度来缓解当前专利池分布失衡的局面。

7.2.2.2 企业创新力不足，专利池防御目的显著

我国专利池的发展还处于初始阶段，专利池中的核心专利资源不够丰富。我国专利池中充斥着一般专利和无效专利，因此与国外专利池难以匹敌。谁掌握了显著比例的核心专利，那么这个专利池就会因其强大的专利基础而具有强大的控制力和强劲的发展力。一般来说，专利池的构建具有主动进攻和防御为主两个目的。专利池产生的原因不但是科学技术发展的产物，还是国内企业保护池内专利人、保持科学技术优势、减少专利纠纷障碍、联合抵制他国专利攻击的催生物。防御包括主动防御和被动应付两类区分。其中，主动防御是指企业之间为提前防范外来专利纠纷，主动构建专利池来共同迎接挑战。如温州很多以外贸为主的企业结成产业联盟来应对国外战略中的贸易壁垒。被动应付是指已经发生外来专利纠纷，企业联合起来共同应付专利的纠纷。我国专利池当前以防御为主，缺少主动进攻力，归根到底是核心专利的缺失。

7.2.2.3 专利池管理机构运营不力，战略规划不够完善

我国专利池的管理机构在专利的准入和运营中的利益分配上普遍存在问题。因准入的低标准和粗审核，现有专利池中充斥着无效专利。专利池

需要的是核心专利和互补型专利，这样才能提高专利池的竞争力。大多数专利池采取以数量为主的利益分配机制，容易出现专利数量多的大企业获利多和大企业劣质专利"搭便车"行为。在构建专利池之前都要实施必要的战略规划。我国有些专利池在模式和机制的选择上过于单一化，继而降低了管理流程运行的有效性。再制造产业专利池的构建需要以此为鉴，结合循环经济产业链，设计动态的、合适的专利池模式和机制。

7.2.3　我国再制造专利池构建的建议

（1）政府方面。政府应加强再制造产业专利池的建设和推广。充分认识到在循环经济背景下构建专利池对再制造产业的重要意义，从主导角色向指导角色转变，采用多种鼓励性、综合性的措施对其建设提供大力支持。避免再制造产业专利池的区域失衡，采取以中、东、南部初步建设带动西部逐步建设的策略。对国外再制造产业的专利池进行调研分析，结合我国再制造产业本土特性，为专利池建设提供经验借鉴。

（2）企业方面。企业应该提高研发能力，保持自身开放性。在再制造产业专利池构建之前，明确提高核心专利和互补型专利的比重的目标。池内产业通过自主创新和研发投入促进核心技术发展、掌握行业制定标准的决定权，从而拥有更多知识产权，这样才能保证再制造产业专利池不可撼动的地位。再制造产业的专利池可通过开发和吸收新的专利和相关产业来保持自身的开放性。即使是影响力较强的专利池也需要随时把握行业技术发展的方向，及时开发或引进关键性专利，排除无效专利，实现对池内专利构成的合理动态整合。

企业还应该制定对原产品修理和再制造纠纷的防御、处理办法。池内管理机构应对企业的产品及技术实施专利检索与分析，绘制再制造产业的专利地图，防止侵权问题的发生。若涉及专利侵权问题，可由该企业或池内专业管理机构做好侵权分析，还可聘请或培养专利律师和再制造技术人员，对产品属于修理还是属于再制造进行法理分析。如果确实涉及专利侵权，需积极与权利人协商取得授权许可。

（3）池内管理机构方面。首先，池内管理机构应该做好专利池的运营和维护。为了妥善处理好专利池内的利益分配问题，再制造产业专利池可采取数量与质量相结合的分配方式。对入池专利进行严格审核，并将无效专利及时排除。其次，池内管理机构应该明确专利池的模式和规划。在构建的初期，可根据实际情况，选择企业联盟或产品型专利池。这一阶段的主要目的是加强行业协作，抵御外来攻击。无论何种模式和规划的选择，都要立足于国情和行业实际，并随着外界环境和行情的变化动态调整，以使专利池充满生命力和竞争力。

7.3 基于再制造技术交易平台的行业治理机制

知识产权的价值实现是一个多方位多阶段的链环过程，它每一个环节的顺利运行都需要一系列的资源支持和服务支撑。知识产权交易平台作为连接创新与经济的中间枢纽，是推动知识产权价值顺利实现的重要力量。而再制造产业作为在我国刚刚兴起十多年的新兴产业，知识产权侵权纠纷案件频发。其原因也是多方面的：首先，与传统商品的生产不同，再制造产业生产的主体和客体都具有特殊性。其次，再制造产业由于其产品的特殊性，导致相比于一般产品而言具有更高的侵权风险与被诉讼的风险。所以，由政府主导建设再制造技术交易平台成为助力再制造产业做大做强的有力推手之一。本部分，笔者旨在通过分析现存技术交易平台的特征和现状，为再制造技术交易平台的发展方式和服务模式提出建议。

7.3.1 技术交易平台简介

在国家的大力推动和支持下，我国各个省（自治区、直辖市）都建立起了各种类型的技术交易平台，平台数量也在不断攀升。自 2006 年开始在《国家专利技术交易展示平台计划》的实施背景下，我国搭建起了一批服务于专利技术转移交易的国家级平台。截至 2016 年年底，我国已经在全国26 个省（自治区、直辖市）先后建立 41 家国家专利技术展示交易中心，构建起了全国专利交易的服务体系。与此同时，除了搭建实体平台之外，一批基于因特网的线上知识产权交易平台和信息平台也开始涌现出来，全国各地都在积极地搭建网上平台。一些试点地区更是采取了线上和线下有机结合的方式，在完善线下知识产权交易平台的同时，推出线上交易服务。随着全国范围内知识产权网络平台数量的不断增长，一些网络平台已经实现了在线交易和在线结算的功能，也就是知识产权的电子商务平台。

7.3.2 技术交易平台的发展瓶颈

当前，我国除了北京、上海等地的个别交易平台运行较为成功之外，全国大部分知识产权交易平台，尤其是线上交易平台，发展仍然不够规范，功能仍然不够齐全。

（1）服务能力有限。由于我国知识产权交易平台兴起时间较晚，导致整个平台的构建缺乏强有力的制度规范以及政策支持。除了个别依靠国家强力支持壮大起来的平台之外，绝大部分平台的规模较小，难以实现供求双方的有效配合，极大地阻碍了知识产权交易的顺利进行。

（2）服务理念过于被动。目前，我国众多知识产权交易平台的运作方式仍然采取的是供给导向型的服务模式。在这种模式下，平台只能被动听取需求方的服务需求，很少能够主动地从市场需求的角度出发，去实现平台方的创新。从而导致多数知识产权交易平台仅仅局限于简单的信息收集、客户咨询服务等功能，难以满足客户的需求。

（3）难以构建服务链条。笔者通过对当前知识产权交易平台的服务内容进行分析之后发现各平台的服务内容有着极大的差异性。很大一部分平台机构的服务内容只涉及某一环节的服务，比如说信息的发布。无法形成完整的、全程服务的链条。虽然目前也存在如浙江网上技术市场等一些提供全面服务的交易平台，但是这类平台的数量过于稀少。同时，仅存的一些全面服务交易平台最大的问题在于，即使其平台是提供全面服务的，但是各项服务之间是分散化的，并没有根据知识产权交易活动本身的特征进行整合。

7.3.3 再制造技术交易平台的发展展望

（1）搭建具有全面服务模式的再制造技术交易平台。面对技术交易平台服务能力有限的问题，最好的解决办法是搭建具有全面服务模式的技术平台。全面服务模式是指平台方为消费者提供尽可能全面的服务。要使得这种服务模式得以建立，需要平台方掌握十分丰富的信息。在制造行业由于侵权风险较高，更需要具有全面服务模式的服务平台作为中介。一方面，借助平台的全面性拓宽再制造产业的信息来源、提高其获得的信息的价值；另一方面，借助平台的全面性与原产品的生产方建立更为便捷的联系，减少沟通成本和侵权风险。

（2）注重平台服务提供的专业化。提供全面的服务以及专业化的服务已经成为技术交易平台发展的一种重要趋势。知识产权交易作为一项复杂的活动要求，其服务人员必须拥有良好的专业素质，这样才能保证知识产权交易环节有序推进。再制造行业的相关服务平台更应如此。难以做出专业化的平台服务，是当下我国知识产权交易平台比较薄弱的地方。

7.3.4 再制造服务平台"一站式"服务模式建议

知识产权交易平台掌握着科技创新体系中的各类信息，以及国家科技动态和政策走向。所以，笔者认为，有必要构建平台服务一体化模式。将中介平台融入价值链条之中，发挥其对接作用。构建再制造服务平台一站式服务模式，充分发挥其中介平台的作用，促进再制造产业高质量发展。

一站式服务的理念，主要用来描述以客户为中心，全面考虑客户的需要，让客户可以减少搜索成本，更加轻松地享受到一条龙服务。本部分旨在为加强再制造服务平台建设提供建议。

7.3.4.1 增强信息整合能力

服务平台最基本的功能是进行信息整合。主要包括买方的基本信息和主要需求、卖方的科技成果信息、中央和地方政府所出台的政策信息和行业中的重要资讯信息。平台需要做的是对知识产权交易的所有环节所需要的信息进行整合，使得交易各方都能够更加便捷地获取信息。

同时，专利交易平台需要拓宽高质量专利资源的来源渠道。一是专利交易平台的专业人员可采取专利检索的方式制定目标专利的权利人名单并主动联系。二是专利交易平台也可通过权利转让关系追溯原始权利人，进一步扩大专利来源范围。三是平台可采用与企业开展权利转让或转化合作的方式丰富平台专利。四是拥有大量科研项目的高等院校以及研究机构、实验室等可成为平台的目标供给方。专利交易平台可以结合转化实施条件和市场需求对专利资源进行选择和有序整理，从转化进程的实施顺利程度考虑是否对专利加以改造，并依据专利资源的特性采用适宜的转化方式。

7.3.4.2 优化咨询服务

对于咨询服务的优化主要体现在两个方面。一是优质的咨询服务需要建立在强大的信息整合能力的基础上。通过强大的信息整合能力这一重要基础，为制造产业知识产权相关侵权行为的维权提供便利。二是优质的咨询服务需要专业化的服务团队提供支撑。平台方可以与区域内的高等院校、科研机构进行合作，建立起专家人才库。同时与专利事务所、律师事务所等机构建立起良好的合作关系，为有咨询需求的用户提供高效的咨询渠道。

7.3.4.3 完善跟踪服务，加强专利转化工作的评估与反馈

跟踪服务的主要任务和功能在于实时追踪技术合同的履行进展情况和知识产权转化的动态进程。同时完善的跟踪服务需要建立在平台方自身资源和服务能力的基础上。通过平台自身的资源和能力监督合同的履行、进行维权并帮助他们解决可能遇到的难题。

专利转化工作的评估与反馈主要在于制定专业化的专利转化服务考核评估办法。一是应该从顶层设计上明确评估考核目的、评估团队、评估的对象类别、评估时间段；二是根据成果转化实践工作选择可量化评估指标，并进行类别、比重设计；三是采用标准的计算方式获取评估结果。评估指标可以选取投入指标、产出指标、应用程度等大类指标，小类指标包括人力投入、物资投入、专利授权量、成果交易量、应用规模、应用效果、经济效益等。

专利转化工作的反馈又可从外部反馈和内部反馈两个方面进行。一是在外部反馈方面，专利交易平台可从被动接受和主动搜索两个角度开展。被动接受是通过交易平台、旗下微信公众号、电子杂志、知识产权社群等方式对平台专利转化案例过程有选择地公开，通过用户的讨论与评价可发现自身成果转化业务的短板。主动搜索是用户主动关注平台专利转化服务及案例，此时平台重在拓展供用户留言的空间，进而革新平台转化实施业务。二是在内部反馈方面，转化团队应当时刻关注专利转化进程，与专利权利人及其他参与主体保持密切联系，以便对工作及时进行调整。

7.4 ESG 视角下再制造产业的治理对策

ESG 理论的系统发展始于 20 世纪 70 年代，此时社会公众的环境保护意识开始初现萌芽，某些投资者也便开始关注既有的投资是否会对环境造成负面影响；在 20 世纪 80 年代到来之后，随着国际劳工权利问题和人权运动的兴起，某些机构投资者开始关注投资企业的社会责任问题；20 世纪 90 年代以后，随着企业的管理和治理框架逐渐趋于成熟，很多机构投资者

的社会责任意识逐渐开始发生转变，企业社会责任问题成为机构投资者选择投资对象进行投资策略的一大重要考虑因素。2004 年，联合国环境规划署和金融稳定论坛联合发布了《环境、社会和治理准则（ESG）：投资者在全球金融市场中的责任》报告，提出了 ESG 的理论框架。随着 ESG 理念的不断成熟，全球的许多机构将 ESG 的因素纳入其自身的研究及投资决策体系中。

ESG 作为一个近几年来迅速兴起且走向成熟的理念，从最初的 ESG 指导投资延伸到对被投资者 ESG 信息披露的要求，再到现在的通过可持续发展来动员企业走向 ESG 实践。ESG 实践已成为当前各国都在关注的重点。从全球来看，随着气候变化、能源枯竭以及环境污染等环境问题的日益凸显。在全球经济快速发展的同时，也伴随着全球环境的日益恶化。再制造产业作为一个资源友好型产业，本身便秉持着环境保护和可持续发展的宗旨，而要实现 ESG 视角下再制造产业高质量发展，需要政府、企业等多方的共同努力。

7.4.1　制定行业规范并完善公共服务体系

7.4.1.1　规范再制造产品的质量标准

与欧洲、美国等一些发达国家的再制造市场相比，我国的再制造产业起步晚，缺乏严格的监管，再加上再制造产品的再制造过程不透明、二级市场的不稳定以及再制造生产商缺乏认证等现实问题的存在，难免会造成在我国市场上消费者对再制造产品的信任危机。再加上一些廉价、低劣再制造品的出现，使得消费者往往将廉价、劣质的再制造品和原始产品的制造商联系起来，给原始产品的制造商也带来了极大的声誉风险。这样的现实背景给再制造产业的政府监管提出了较高的要求。笔者认为，政府应当出台相应政策规范再制造产品的质量要求，比如政府应加大对再制造产品的监管力度，实施低再制造水平产品查处惩罚以及高再制造水平产品奖励措施，以期有效改变再制造产品质量参差不齐的现状。

7.4.1.2　引导消费者正视再制造产业

再制造产业作为循环型产业链条当中最重要的一环，是企业实现全面可持续发展的黄金机会。近年来，许多原始产品的制造商已经将再制造产品视为其商业模式中不可或缺的一部分，但是消费者通常却认为再制造品的价值要比新产品低许多。

由于消费者对再制造产品的认识度不高，使得再制造产品的营销市场并没有取得较好的成绩。再制造先驱卡特比勒公司也声称消费者对再制造产品的接受度低是其在中国发展的主要阻力之一。许多消费者由于对再制造过程的认识不够，认为再制造产品的生命周期短、产品质量差，往往将再制造品与二手产品视为一类产品。但是事实上，再制造企业坚持的一条基本原则就是"再制造产品的质量和性能不低于原产品"。这种消费者对再制造产业的"误解"严重阻碍了再制造产业的顺利、高效发展。

只有消费者认可并且信任再制造产品，消费者才会购买和使用再制造产品，如果消费者对再制造产品的质量和性能产生疑惑，他们很难会拿出资金来消费再制造产品。在这样的背景下，要使得再制造产业顺利发展，离不开政府的积极引导。笔者建议在政府采取再制造普及教育引导的同时也应该拿出资金进行再制造产品的宣传。

7.4.1.3 充分发挥社会规范等非正式制度的约束作用

笔者所提到的非正式制度主要是指社会规范的约束。企业的社会责任与社会规范是两个相互联系的概念。企业积极履行社会责任的行为是对公众所构建的价值规范的积极迎合，是企业维护社会规范的重要表现；相反，若企业不积极地将 ESG 理念"落到实处"，便是对社会规范的破坏。

同时，社会规范作为正式制度的有益补充，在市场资源配置中发挥着重要的作用。笔者建议，将 ESG 理念引入知识产权法的同时，也应该发挥社会规范的约束作用去提升再制造企业的环境治理水平，力争实现在法律法规等"硬"约束的基础上，将来自社会非正式制度的"软"约束纳制度的设计中去，形成"软、硬结合"的管理网络，充分发挥社会规范对于企业的约束和监督作用。

7.4.2 夯实再制造产品质量并建立 ESG 信息披露机制

7.4.2.1 从再制造产品质量保障入手，降低消费者感知的不确定性

再制造企业所生产的再制造产品最终的流向是市场，它的需求主体仍然是广大消费者。如果缺少了消费者的认可和接受，那么再制造企业就失去了发展的动力。所以，企业层面自行治理最重要的目标仍然是取得消费者的认可和接受。目前，我国社会公众对再制造产品的认识不全面并且存在误解，这严重阻碍了再制造行业的发展。本书认为，要减少社会公众对于再制造产品的误解就应该建立起良好的质量保障体系。

（1）产品的保修服务是产品质量的标志。大量的经验研究表明，保修期会明显影响消费者对再制造产品的选择。所以，再制造产品提供与新产品相同期限的保修服务，甚至更长期限的保修服务，相当于为消费者提供了"定心丸"，可以减少消费者对再制造产品的抵触情绪。

（2）从我国的现状来看，只有极少消费者愿意为再制造产品付费。这便需要企业方向消费者普及再制造产品的相关知识。一些已经做大做强的再制造企业可以自发地建立一些再制造产品的绿色展览基地，凸显其在ESG实践层面的优秀成果，构建起在消费者层面对ESG理念的认同。在投放广告加强消费者对再制造产品认同感的同时，开展有关再制造可持续的消费者教育活动，进而提高客户对可持续的热情，刺激消费者对再制造产品"绿色"的感知。

从再制造产品质量保障入手，降低消费者感知的不确定性，可以采取五种措施。一是加强质量监管：建立完善的质量监管体系，对再制造产品进行严格的质量控制，确保产品符合标准和质量要求。二是提供质量保证：提供一定的质量保证期，让消费者在购买后有一定的时间可以进行验证，确保产品的性能和质量。三是建立品牌信誉：加强品牌建设，提高再制造产品的知名度和美誉度，让消费者对品牌产生信任感，从而降低感知的不确定性。四是提供信息透明度：在销售过程中，向消费者提供足够的信息，如产品来源、制造工艺、质量保障等，让消费者了解产品的真实情况，降低感知的不确定性。五是注重售后服务：提供优质的售后服务，如出现问题及时解决、定期回访等，增强消费者对再制造产品的信任感和满意度。通过以上措施，可以从再制造产品质量保障入手，降低消费者感知的不确定性，提高再制造产品的市场占有率和品牌影响力。

7.4.2.2 积极响应政府号召，完善ESG信息披露

再制造的发展减少了对废旧产品的处理，并且生产过程几乎不会产生固体废料，使得再制造享有绿色声誉的盛名。随着绿色发展、环境保护的社会规范日益受到更多的关注和重视，再制造开始进入少数消费者的视野。再制造企业自身更应该抓住如今社会公众环境意识觉醒的机会，通过积极响应政府在绿色发展、可持续发展等方面的号召，积极履行社会责任，培育契合社会规范、重视社会责任的企业文化、走可持续发展道路。同时，再制造企业也应紧跟政府指引，完善ESG信息披露制度，树立"绿色""可持续"的企业形象，提高企业的声誉和品牌价值。

再制造产业 ESG 知识产权信息披露是指再制造企业在环保、社会责任和公司治理等方面的知识产权信息披露，旨在提高企业透明度、促进可持续发展。具体而言，再制造企业需要披露以下信息：一是环保信息，包括再制造企业的生产工艺、排放物处理情况、资源回收利用情况等，以及企业所采用的环保技术和政策措施。二是社会责任信息，包括企业与员工、供应商、客户、社区和政府等利益相关方的关系，以及企业在社会责任方面的表现和承诺。三是公司治理信息，包括企业的组织架构、管理制度、决策程序等方面的情况，以及企业知识产权管理制度的建立和执行情况。

为了提高再制造企业 ESG 知识产权信息披露的质量，企业应加强知识产权管理，建立健全知识产权管理制度，提高知识产权的创造、保护、运用和管理水平。同时，企业还应该加强与利益相关方的沟通和合作，积极履行社会责任，推动可持续发展。此外，政府和社会组织也应该加强对再制造企业知识产权管理的指导和监督，推动企业加强 ESG 知识产权信息披露，促进再制造产业的可持续高质量发展。

参考文献

［1］蔡克元. 质量差异和 WTP 差异下报废汽车资源化产品联合定价决策研究［J］. 工业工程，2016，19（2）：38-44.

［2］曹晓刚，郑本荣，黄松，等. 基于制造商竞争的再制造系统定价与协调决策［J］. 系统工程学报，2013，28（4）：497-505.

［3］陈海威. 再制造产业：概念、问题与发展对策［J］. 经济理论与经济管理，2007（6）：57-60.

［4］陈思宇. 企业环境处罚、慈善捐赠与机构投资者持股［D］. 杭州：浙江工商大学，2023.

［5］程伟丽. 集中决策下考虑碳交易的再制造供应链定价研究［J］. 中外企业家，2017（19）：264.

［6］程伟丽. 专利保护下考虑碳交易的再制造供应链定价研究［J］. 现代经济信息，2017（11）：100.

［7］程永宏，熊中楷. 碳标签制度下产品碳足迹与定价决策及协调［J］. 系统工程学报，2016，31（3）：386-397.

［8］程永宏，姚腾，潘佳欣，等. 考虑非对称零售商和企业社会责任的再制造产品销售策略［J］. 计算机集成制造系统，2022（6）：1-25.

［9］但斌，丁雪峰. 基于客户细分的再制造价格歧视策略［J］. 系统工程学报，2011，26（4）：515-523.

［10］董晋瑜. 论我国基因专利池的构筑困局及破解路径［J］. 科技与法律，2020（2）：31-39.

［11］杜传忠，陈永昌. 知识产权政策对制造业市场竞争力的影响［J］. 西安交通大学学报（社会科学版），2024（4）：1-15.

［12］方翔. 技术交易全程服务平台数据分析系统设计与实现［D］. 北京：北京工业大学，2015.

［13］房巧红. 公众环保意识对再制造决策的影响研究［J］. 工业工

程，2010，13（1）：47-51.

［14］高云峰."一带一路"倡议下知识产权保护区域合作研究［D］.长春：吉林大学，2020.

［15］顾巧论，陈秋双.再制造/制造系统集成物流网络及信息网络研究［J］.计算机集成制造系统，2004，10（7）：721-726.

［16］关静.技术交易平台中的知识分享影响因素研究［D］.天津：天津大学，2021.

［17］管育鹰.知识产权法治建设的三个维度［J］.知识产权，2024（2）：3-20.

［18］郭军华，杨丽，李帮义，等.不确定需求下的再制造产品联合定价决策［J］.系统工程理论与实践，2013，33（8）：1949-1955.

［19］韩功华.供应链产业的法治保障研究［D］.北京：中国政法大学，2023.

［20］韩小花.基于制造商竞争的闭环供应链回收渠道的决策分析［J］.系统工程，2010，28（5）：36-41.

［21］韩秀平，陈东彦，陈德慧.再制造率随机的闭环供应链产品差别定价策略［J］.控制与决策，2015，30（11）：2019-2024.

［22］何培育，彭志强，谢建.论技术标准专利权滥用行为的法律规制：兼评华为与交互数字集团案［J］.科技管理研究，2014，34（4）：133-136，142.

［23］胡开忠.专利产品的修理、再造与专利侵权的认定：从再生墨盒案谈起［J］.法学，2006（12）：145-161.

［24］胡培，聂佳佳，黄宗盛.专利保护下的闭环供应链再制造模式选择策略［J］.工业工程与管理，2012：37.

［25］华冬芳.技术交易中的信任机制和作用研究［D］.南京：南京师范大学，2018.

［26］黄影，李文川，李卓娅.基于RFID技术的再制造闭环供应链差别定价策略［J］.物流技术，2023，42（4）：109-116，124.

［27］江志刚，张华，曹华军.绿色再制造管理的体系结构及其实施策略［J］.中国机械工程，2006（24）：2573-2576，2607.

［28］柯晨旭.考虑消费者购买行为的新产品和再制造产品定价决策研究［D］.广州：华南理工大学，2020.

［29］赖流滨，张运生.专利特征对加入专利池的影响：基于 MPEG LA 的实证研究［J］.科技进步与对策，2021，38（17）：26-33.

［30］赖流滨.高科技企业专利池技术合作对技术竞争的影响机制研究［D］.长沙：中南大学，2022.

［31］雷朝霞，李念桐.论《民法典》绿色原则在知识产权法中的适用［J］.西藏民族大学学报（哲学社会科学版），2022，43（5）：130-135.

［32］李昂，赵丽影.企业知识产权合规管理及其问题纾解［J］.科技创业月刊，2024，37（3）：119-122.

［33］李超，王田园，范秀君，等.药品专利池（MPP）浅析［J］.广东化工，2019，46（19）：131-132，150.

［34］李超.中国上市公司 ESG 实践经济效果的实证研究［D］.合肥：中国科学技术大学，2023.

［35］李国威，江志斌，杨雷，等.废旧汽车回收再利用产业发展环境分析与对策思考：以铜陵市为例［J］.科技管理研究，2013（1）：122-126.

［36］李佳坤.中国"专利盒"优惠税制对科技创新的激励效应研究［D］.上海：上海财经大学，2020.

［37］李蕾，邹逸丰，黄菲，等.我国新型显示产业专利困局与专利池构建对策［J］.中国发明与专利，2023，20（4）：14-22.

［38］李新然，胡鹏旭，牟宗玉.第三方回收闭环供应链协调应对突发事件研究［J］.科研管理，2013，34（1）：99-107.

［39］李增禄.O2O 模式下在线回收商再售策略研究［D］.成都：西南交通大学，2020.

［40］梁洋.基层知识产权行政执法效果及影响因素研究［D］.绵阳：西南科技大学，2024.

［41］刘光富，刘文侠.双渠道再制造闭环供应链差异定价策略［J］.管理学报，2017，14（4）：156-163.

［42］刘捷先.基于 ESG 理念的碳信息披露质量对企业价值创造的影响机制研究［D］.合肥：合肥工业大学，2022.

［43］刘淑芳.知识产权保护对中国外贸高质量发展的影响研究［D］.武汉：中南财经政法大学，2021.

［44］柳键，谢军.考虑绿色投入水平与回收努力程度的再制造闭环供应链决策研究［J］.江西师范大学学报（自然科学版），2023，47（6）：

562-570.

［45］卢家锐.ESG 信息披露透明度对公司融资成本的影响研究［D］.长春：吉林大学，2023.

［46］卢晓莉.循环理论指导下的再制造产业发展模式研究［J］.湖北经济学院学报（人文社会科学版），2018，15（2）：28-31.

［47］罗琴.知识产权交易一站式全程服务模式研究［D］.合肥：中国科学技术大学，2017.

［48］孟奇勋.开放式创新条件下的专利集中战略研究［D］.武汉：华中科技大学，2011.

［49］闵森.再制造产业：2023 中国发展新业态［J］.中外企业文化，2023（11）：27-28.

［50］莫燕雯.知识产权法律保护的实践探索与案例分析［J］.法制博览，2024（6）：70-72.

［51］聂佳佳，邓东方.再制造产品质量对闭环供应链回收渠道的影响［J］.工业工程与管理.2014，19（1）：1-7.

［52］牛水叶，李勇建.再制造供应链运营策略博弈［J］.系统工程学报，2017，032（005）：674-685.

［53］牛正浩.知识产权刑民交叉程序优化理论研究［J］.湖南社会科学，2024（2）：102-110.

［54］欧阳福生.商标使用制度的体系化研究［D］.上海：华东政法大学，2022.

［55］彭志强，陈隽，夏思思.再制造产业的知识产权战略初探：以重庆市再制造产业为例［J］.重庆理工大学学报（社会科学），2014，28（7）：146-149.

［56］彭志强，何培育，崔涛.基于循环经济的专利产品再制造侵权分析及启示：从"再生墨盒案"谈起［J］.重庆理工大学学报（社会科学），2013（8）：129-132.

［57］彭志强，姜渝，陈隽.商标反向混淆的危害与对策［J］.重庆与世界（学术版），2014，31（7）：1-4.

［58］彭志强，厉华杰，申成然.专利产品再制造下闭环供应链的决策优化与授权许可策略［J］.重庆理工大学学报（社会科学），2010，24（10）：88-91，105.

[59] 彭志强, 刘俊娜, 刘雅婕. SECI 知识螺旋视角下的专利管理提升策略 [J]. 中国发明与专利, 2019, 16 (9): 53-60.

[60] 彭志强, 刘俊娜, 刘雅婕. 技术专利化视角下的隐性知识外化研究 [J]. 科技管理研究, 2019, 39 (18): 170-175.

[61] 彭志强, 刘雅婕, 王佩玉. 专利交易平台的产业化驱动因素与措施分析 [J]. 现代商贸工业, 2019, 40 (15): 7-8.

[62] 彭志强, 宋文权. 政府补贴下闭环供应链差别定价及协调机制 [J]. 工业工程与管理, 2016, 21 (4): 58-66.

[63] 彭志强, 王佩玉, 罗纯军. 基于产业化驱动的 O2O 专利交易平台问题及对策 [J]. 科学咨询 (科技·管理), 2018 (4): 4-5.

[64] 彭志强, 王佩玉, 罗纯军. 再制造产业的专利池构建对策 [J]. 科学咨询 (科技·管理), 2016 (12): 5-6.

[65] 彭志强, 夏思思, 崔涛. 专利产品再制造的侵权辨析及授权许可策略 [J]. 科技管理研究, 2014, 34 (20): 137-141, 147.

[66] 彭志强, 熊中楷, 李根道. 基于再制造和顾客等待的差别定价模型研究 [J]. 软科学, 2009, 23 (3): 123-126.

[67] 彭志强, 熊中楷, 李根道. 考虑策略性顾客的动态定价和差价返还机制 [J]. 管理工程学报, 2010, 24 (4): 53-57.

[68] 彭志强, 熊中楷, 李豪. 基于客户定价模式的服务提供商定价策略 [J]. 统计与决策, 2008 (21): 169-171.

[69] 彭志强, 周于靖. 电子商务领域的专利保护及管理对策 [J]. 新疆社科论坛, 2020 (1): 40-43.

[70] 齐立文, 高建美. ESG 在知识产权法中的表达: 概念阐释、理论证成与路径选择 [J]. 电子知识产权, 2023 (9): 72-81.

[71] 钱志峰. 基于再制造过程创新的闭环供应链投资及运作策略研究 [D]. 成都: 电子科技大学, 2022.

[72] 申成然, 熊中楷, 彭志强. 专利保护与政府补贴下再制造闭环供应链的决策和协调 [J]. 管理工程学报, 2013, 27 (3): 132-138.

[73] 申成然, 熊中楷, 彭志强. 专利许可经销商再制造的供应链决策及协调 [J]. 工业工程与管理, 2011, 16 (6): 10-15.

[74] 石光雨. 专利产品的修理和再造问题研究 [D]. 重庆: 西南政法大学, 2007.

［75］史梦娜.基于联盟区块链的技术交易平台研究与设计［D］.西安：西安电子科技大学，2021.

［76］舒文龙.技术交易全程服务平台下交易量及信息地图系统的实现［D］.北京：北京工业大学，2015.

［77］孙琳.再制造环境下的产品创新策略研究［D］.成都：电子科技大学，2021.

［78］汪翼，孙林岩，杨洪焦，等.不同回收法律下的再制造供应链决策与合作研究［J］.管理科学，2009，22（1）：2-8.

［79］汪玉璇.产品再制造中的知识产权法律问题研究［D］.首都：首都经济贸易大学，2005.

［80］王朝晖，张向群，李宏宇.循环经济下宁波再制造产业发展研究［J］.商场现代化，2013（17）：144-145.

［81］王东翻.新产品和再制造产品二维延保策略设计研究［D］.天津：天津大学，2020.

［82］王伏林，廖显義，张程栋.工程机械再制造产业的发展对策探究［J/OL］.机械设计与制造，1-7［2024-04-08］.https://doi.org/10.19356/j.cnki.1001-3997.20240329.013.

［83］王佳，黎宇科，李震彪，等.我国汽车零部件再制造产业瓶颈及对策分析［J］.汽车与配件，2023（7）：58-59.

［84］王建明.专利保护下再制造闭环供应链差别定价与协调研究［J］.运筹与管理，2013，22（3）：89-96.

［85］王漫漫.考虑消费者行为的再制造运营策略研究［D］.合肥：中国科学技术大学，2021.

［86］王西.成渝地区双城经济圈协同创新政策驱动研究［D］.绵阳：西南科技大学，2024.

［87］王小健，杨志林.考虑专利保护下再制造闭环供应链的差别定价［J］.合肥师范学院学报，2015，33（6）：5-10.

［88］王秀荣，刘照军.基于循环经济的聊城汽车零部件再制造产业发展战略研究［J］.中国市场，2017（28）：77-78.

［89］韦祎.知识产权司法体制改革对技术创新的影响研究［D］.济南：山东大学，2023.

［90］魏洁，李军.EPR下的逆向物流回收模式选择研究［J］.中国管

理科学，2005，13（6）：18-22.

［91］魏巍.关于推进知识产权质押融资的思考和建议［J］.国际金融，2024（2）：65-69.

［92］温程辉.再制造产业持续稳定发展高度契合循环经济战略［J］.表面工程与再制造，2017，17（2）：49.

［93］吴沁，芮执元，杨建军.再制造与传统修复的关系浅析［J］.机床与液压，2009，37（7）：58-59，75.

［94］肖桂春，马士华.再制造产品和新产品水平差异化模型［J］.工业工程与管理，2005（1）：33-36.

［95］邢光军，林欣怡，达庆利.零售价格竞争的生产商逆向物流系统决策研究［J］.系统工程学报，2009，24（3）：307-314.

［96］邢静，黄海，童俊军.汽车再制造循环经济管理体系研究［J］.节能与环保，2015（9）：54-56.

［97］熊中楷，申成然，彭志强.专利保护下闭环供应链的再制造策略研究［J］.管理工程学报，2012，26（3）：159-165.

［98］熊中楷，申成然，彭志强.专利保护下再制造闭环供应链协调机制研究［J］.管理科学学报，2011，14（6）：76-85.

［99］徐繁.天正电气：深挖"专利池"抢占"双碳"赛道：访天正电气产品与研发副总裁葛世伟［J］.电气时代，2022（6）：14-16.

［100］徐峰，侯云章，高俊.电子商务背景下制造商渠道定价与再制造策略研究［J］.管理科学.2014，27（2）：74-81.

［101］徐峰，盛昭瀚，陈国华.基于异质性消费群体的再制造产品的定价策略研究［J］.中国管理科学，2008，16（6）：130-136.

［102］徐红，王辉，刘栩君.快递废弃物回收产业链演化仿真研究［J］.中国人口·资源与环境，2017，27（1）：111-119.

［103］徐建中，张金萍，那保国.循环经济视角下我国再制造产业发展现状及模式研究［J］.科技进步与对策，2009（24）：64-66.

［104］徐庆，朱道立，鲁其辉.Nash均衡、变分不等式和广义均衡问题的关系［J］.管理科学学报，2005，8（3）：1-7.

［105］许亮.知识产权惩罚性赔偿制度的反思与适用限制研究［D］.上海：华东政法大学，2022.

［106］许民利，莫珍连，简惠云，等.考虑低碳消费者行为和专利保

护的再制造产品定价决策［J］.控制与决策, 2016, 31 (7): 1237-1246.

［107］许琦.基于专利引证分析的专利池组建与管理［D］.杭州: 浙江大学, 2017.

［108］闫广州.不确定环境下闭环供应链中产品再制造决策优化问题研究［D］.北京: 对外经济贸易大学, 2020.

［109］杨帆.技术标准中的专利问题研究［D］.北京: 中国政法大学, 2006.

［110］杨继荣, 段广洪, 向东.产品再制造的绿色模块化设计［J］.中国设备工程, 2007 (2): 7-9.

［111］杨萍.市场经济条件下知识产权交易模式分析［J］.上海企业, 2024 (3): 37-39.

［112］杨旭杰, 裴晓华, 董尚朴.京津冀中药企业构建专利联盟重要性解析［J］.中国中医药信息杂志, 2019, 26 (2): 15-19.

［113］杨玉香, 汤易兵, 吴增源.再制造闭环供应链间竞争下的网络优化设计模型研究［J］.机械工程学报. 2014 (20): 205-212.

［114］姚巨坤, 朱胜, 崔培枝.再制造管理: 产品多寿命周期管理的重要环节［J］.科学技术与工程, 2003 (4): 374-378.

［115］姚卫新.再制造条件下逆向物流回收模式的研究［J］.管理科学. 2004, 17 (1): 76-79.

［116］姚玉南, 钟骏杰.绿色再制造的理论框架与发展战略研究［J］.武汉理工大学学报 (信息与管理工程版), 2006 (12): 85-88.

［117］易余胤.具竞争零售商的再制造闭环供应链模型研究［J］.管理科学学报, 2009, 12 (6): 45-54.

［118］尹新天.新专利法详解［M］.北京: 知识产权出版社, 2005.

［119］游训策.专利联盟的运作机理与模式研究［D］.武汉: 武汉理工大学, 2008.

［120］于仲觉, 朱庆华.中国再制造产业的碳减排效应和经济影响分析［J］.中国软科学, 2024 (4): 56-66.

［121］詹映.专利池的形成: 理论与实证研究［D］.武汉: 华中科技大学, 2007.

［122］张晨.技术交易网络中企业技术竞合、网络嵌入与创新绩效［D］.大连: 大连理工大学, 2021.

［123］张蕾.专利侵权判定中修理与再造的界定：以 Canon Vs. Recycle Assist 再生墨盒案为背景（待续）［J］.电子知识产权，2008（9）：52-55.

［124］张维霞，郭军华，朱佳翔.政府约束下的双渠道再制造闭环供应链定价决策［J］.华东交通大学学报.2015（2）：78-86.

［125］张晓旋.我国知识产权行政保护体系建构研究［D］.武汉：中南财经政法大学，2022.

［126］张轩.在线服务平台激励、定价和商业模式研究［D］.上海：上海交通大学，2020.

［127］张艳.供应链下修复品的定价策略研究［D］.合肥：中国科学技术大学，2020.

［128］张运生，杜怡靖，陈瑟.专利池联盟合作对高技术企业技术创新的激励效应研究［J］.研究与发展管理，2019，31（6）：1-12.

［129］赵道致，原白云，徐春秋.低碳环境下供应链纵向减排合作的动态协调策略［J］.管理工程学报，2016，30（1）：147-154.

［130］赵森林.重卡发动机再制造供应链的契约协调及决策模型研究［D］.大连：大连理工大学，2016.

［131］赵晓敏，朱贺，谈成薇.政府财政干预对 OEM 厂商绿色再制造的影响［J］.软科学2016，30（6）：30-34.

［132］郑本荣，杨超，杨珺，等.产品再制造、渠道竞争和制造商渠道入侵［J］.管理科学学报，2018，21（8）：98-111.

［133］郑好.知识产权保护对技术创新的影响研究［D］.武汉：中南财经政法大学，2022.

［134］郑华林，刘清友，张金伟，等.制造业可持续发展的绿色制造技术及其实施对策［J］.机械制造，2006（6）：49-51.

［135］周陶.基于消费者行为的再制造产品定价问题研究［D］.合肥：合肥工业大学，2021.

［136］周永圣，汪寿阳.政府监控下的退役产品回收模式［J］.系统工程理论与实践，2010（4）：41-47.

［137］朱宾欣，马志强，吴宁，等.原制造商专利保护对再制造供应链技术创新策略的影响［J］.计算机集成制造系统，2018，24（9）：2329-2340.

［138］祝艳艳.专利间接侵权行为研究［D］.重庆：西南政法大学，

2021.

[139] 王佳，黎宇科. 美国汽车产品再制造产业浅析 [J]. 汽车工程师，2012（2）：19-21.

[140] 韩群. 浅谈欧美再制造产业发展对中国的借鉴意义 [J]. 表面工程与再制造，2017，17（5）：33-35.

[141] 前瞻产业研究院. 2020 年中国再制造产业市场现状与发展前景分析 [J]. 表面工程与再制造，2020，20（Z2）：66-67.

[142] 宁艳凤. 我国再制造产业发展影响因素分析 [D]. 北京：北京交通大学，2012.

[143] 李明，朱德米. 美英日等国家再制造业研究 [J]. 中国资源综合利用，2014，32（2）：39-44.

[144] 刘运来. 管窥日本汽车零部件再制造 [J]. 汽车与配件，2010（33）：26-27.

[145] ABBEY J D, BLACKBURN J D, GUIDEV D R. Optimal pricing for new and remanufactured products [J]. Journal of Operations Management, 2015（36）：130-146.

[146] ABBEY J D, KLEBER R., SOUZA G C. The role of perceived quality risk in pricing remanufactured products [J]. Production and Operations Management, 2017, 26 (1)：100-115.

[147] AGRAWAL V, FERGUSON M., TOKTAY L. Is leasing greener than selling? [J]. Management Science，2012，58（3）：523-533.

[148] ATASU A, SARVARY M, VAN WASSENHOVE L N. Remanufacturing as a marketing strategy [J]. Management Science, 2008, 54：1731-1746.

[149] CAI X., LAI M, LI X, et al. Optimal acquisition and production policy in a hybrid manufacturing/remanufacturing system with core acquisition at different quality levels [J]. European Journal of Operational Research, 2014, 233 (2)：374-382.

[150] CHEN, J M, CHANG, C I Dynamic pricing for new and remanufactured products in a closed-loop supply chain [J]. International Journal of Production Economics. 2013, 146 (1)：153-160.

[151] DESAI P, PUROHITD. Leasing and selling：Optimal marketing

strategies for a durable goods firm [J]. Management Science, 1998, 44 (11): 18-34.

[152] ANDREW GOODMAN-BACON. Difference-in-differences with regulation in treatment timing [J]. Journal of econometrics, 2021. 225 (2): 254-277.

[153] FERRER G, SWAMINATHANJ M. Managing new and remanufactured products [J]. Management Science, 2006, 52 (1): 15-26.

[154] GAN S S, PUJAWAN I N, SUPARNO, et al. Decision model for new and remanufactured short-life cycle products with time-dependent demand [J]. Operations Research Perspectives. 2015, 2 (C), 1-12.

[155] GAN S S, PUJAWAN I N, SUPARNO, et al. Pricing decision for new and remanufactured product in a closed-loop supply chain with separate sales-channel [J]. International Journal of Production Economics. 2016, 190: 120-132.

[156] GIANNAKAS K. Infringement of intellectual property rights: Causes and consequences [J]. AMERICAN JOURNAL OF AGRICULTURAL ECONOMICS. 2002. 2 (84): 482-494.

[157] GUIDE V, LI, J. The potential for cannibalization of new products sales by remanufactured products[J]. Decision Sciences. 2010, 41(3):547-572.

[158] GUTOWSKI T G, SAHNI S, BOUSTANI A, et al. Remanufacturing and energy savings [J]. Environmental Science & Technology, 2011, 45 (10): 4540-4547.

[159] HORNERS, et al. Standing your ground examining the single signaling effects of patient litigation in university technology licensing [J]. Research policy. 2022, 51 (10): 98.

[160] JACOBS B W, SUBTAMANIAN R. Sharing responsibility for product recovery across the supply chain [J]. Production and Operations Management, 2012, 21 (1): 85-100.

[161] JOHNSON M R, MCCARTHY I P. Product recovery decisions with the context of Extended Producer Responsibility [J]. Journal of Engineering and Technology Management, 2014, 34: 9-28.

[162] KIM S. Intellectual property right infringement, state involvement in

industrial espionage, and North-South trade [J]. ECONOMIC MODELLING.
2020 (5): 110-116.

[163] L YANG, Y HU, L HUANG. Collecting mode selection in a reman-
ufacturing supply chain under cap-and-trade regulation [J]. European Journal
of Operational Research, 2020, 287 (2): 480-496.

[164] LI KAI, ZHOU TAO, LIU BO-HAI. Pricing new and remanufac-
tured products based on customer purchasing behavior [J]. Journal of Industrial
and Management Optimization, 2021.

[165] LI KAI, ZHOU TAO, LIU BO-HAI. The comparison between sell-
ing and leasing for new and remanufactured products with quality level in the e-
lectric vehicle industry [J]. Journal of Industrial and Management Optimization,
2021, 17 (3): 1505-1529.

[166] LU Q, LIU N. Pricing games of mixed conventional and e-com-
merce distribution channels [J]. Computers & Industrial Engineering. 2013, 64
(1): 122-132.

[167] MONT O, DALHAMMAR C, JACOBSSON N. A new business
model for baby prams based on leasing and product remanufacturing [J]. Journal
of Cleaner Production, 2006, 14 (17): 1509-1518.

[168] MUHMAD, SITI N, ARIFF, et al. Product market competition,
corporate governance and ESG [J]. Journal of Engineering and Technology Man-
agement, 2021.

[169] ÖSTLIN J, SUNDIN E, BJöRKMAN M. Importance of closed-loop
supply chain relationships for product remanufacturing [J]. International Journal
of Production Economics, 2008, 115 (2): 336-348.

[170] OVCHINNIKOV A. Revenue and cost management for remanufac-
tured products [J]. Production and Operations Management, 2011, 20 (6):
824-840.

[171] R C SAVASKAN, S BHATTACHARYA, L N VAN WASSEN-
HOVE. Closed-loop supply chain models with product remanufacturing [J].
Management Science, 2004, 50 (2): 239-252.

[172] RAJU K D. WTO-TRIPS Obligations and patent amendments in In-
dia: A critical stocktaking [J]. Journal of Intellectual Property Rights, 2004

（9）：242-259.

［173］SERAFEIM G, YOON A. Stock price reactions to ESG news：The role of ESG ratings and disagreement［J］. Review of Accounting Studies, 2022, 5：1-31.

［174］SRIVIDHYA R. Patent amendments in India in the wake of TRIPS［J］. Journal of Intellectual Property Rights, 2001（11）：459-471.

［175］SUBRAMANIAN R., SUBRAMANYAMR.. Key factors in the market for remanufactured products［J］. Manufacturing & Service Operations Management, 2012, 14（2）：315-326.

［176］SUTTIPUN M, DECHTHANABODIN, P. Environmental, Social and Governance（ESG）Committees and Performance in Thailand［J］. 2022.

［177］THIERRY M., SALOMON M., VAN NUNEN J., et al. Strategic issues in product recovery management［J］. California Management Review, 1995, 37（2）：114-135.

［178］THOMASV. M. The environmental potential of reuse：an application to used books［J］. Sustainability Science, 2011, 6（1）：109-116.

［179］TOKTAY L. B., WEI D.. Cost allocation in manufacturing-remanufacturing operations［J］. Production and Operations Management, 2011, 20（6）：841-847.

［180］VERHEYDEN T, ECCLES R G, FEINER A. ESG for all? The impact of ESG screening on return, risk, and diversification［J］. Journal of Applied Corporate Finance, 2016, 28（2）：47-55.

［181］WALDMANM.. Eliminating the market for secondhand goods：An alternative explanation for leasing［J］. Journal of Law & Economics, 1997, 40（1）：61-92.

［182］WANG L., CAI G. G., TSAY A. A., et al. Design of the reverse channel for remanufacturing ：must profit-maximization harm the environment?［J］. Production and Operations Management, 2017, 26（8）：1585-1603.

［183］WANG L., CAI G. G., TSAY A. A., et al. Design of the reverse channel for remanufacturing：must profit-maximization harm the environment?［J］. Production and Operations Management, 2017, 26（8）：1585-1603.

［184］WANG X, CHEN M. End-of-Life vehicle dismantling and recycling enterprises: Developing directions in China [J]. Journal of Operations Management, 2013, 65 (8): 1015-1020.

[185] WANG X, CHEN M. Implementing extended producer responsibility: vehicle remanufacturing in China [J]. Journal of Cleaner Production, 2011, 19 (6): 680-686.

[186] WANG Z, HUO J, DUAN Y. Impact of government subsidies on pricing strategies in reverse supply chains of waste electrical and electronic equipment [J]. Waste Management, 2019 (95): 440-449.

[187] WANG Z, WANG Q, CHEN B, et al. Evolutionary game analysis on behavioral strategies of multiple stakeholders in E-waste recycling industry [J]. Resources, Conservation & Recycling, 2020 (155): 104618.

[188] XIAN Z, XU J. Research on Synergism Collaboration Protection Mechanism of Intellectual Property Rights in Strategic Emerging Industries [J]. psychology, management and social science, 2013. 16: 328-332

[189] Y. ZHANG, W. CHEN. Optimal production and financing portfolio strategies for a capital-constrained closed-loop supply chain with OEM remanufacturing [J]. Journal of Cleaner Production, 2020, 279 (10): 123467.

[190] YALABIK B., CHHAJED D., PETRUZZI N. C.. Product and sales contract design in remanufacturing [J]. International Journal of Production Economics, 2014, 154: 299-312.

[191] YAN X., CHAO X., LU Y., et al. Optimal Policies for Selling New and Remanufactures Products [J]. Production and Operations Management, 2017, 26 (9): 1746-1759.

[192] YANG L, WANG G, KE C. Remanufacturing and promotion in dual-channel supply chains under cap-and-trade regulation [J]. Journal of Cleaner Production, 2018, 204: 939-957.

[193] YENIPAZARLI A. Managing new and remanufactured products to mitigate environmental damage under emission regulation [J]. European Journal of Operational Research, 2016, 249: 117-130.

[194] YI P, HUANG M, GUO L, et al. A retailer oriented closed-loop supply chain network design for end of life construction machinery remanufacturing [J]. Journal of Cleaner Production, 2016, 124: 191-203.

[195] YOO S, KIM B. Joint pricing of new and refurbished items: A comparison of closed-loop supply chain models [J]. International Journal of Production Economics, 2016, 182: 132-143.

[196] YOON B, LEE J H, BYUN R. Does ESG performance enhance firm value? Evidence from Korea [J]. Sustainability, 2018, 10 (10): 3635.

[197] YU L, HE W, LI G, et al. The development of WEEE management and effects of the fund policy for subsidizing WEEE treating in China [J]. Waste Management, 2014, 34 (9): 1705-1714.

[198] YU M, NAGURNEY A. Competitive food supply chain networks with application to fresh produce [J]. European Journal of Operational Research, 2013, 224: 273-282.

[199] ZHANG F, QIN X, LIU L. The interaction effect between ESG and green innovation and its impact on firm value from the perspective of information disclosure [J]. Sustainability, 2020, 12 (5): 1866.

[200] ZHENG Z J, HUANG C Y, YANG Y B. Patent production, innovation and technology transfer in a Schumpeterian economy [J]. European Economics Review, 2020, 129 (11): 103531.